»Wie hält man es aus, allein mit einem Ich, über das man immer weniger weiß? Soll ich mich den Meeresgeräuschen aussetzen und warten, ob etwas passiert, mit mir passiert? Nicht auszuhalten. In der Wüste war es manchmal möglich, als es keine Alternative gab.«

Klaus Reichert ist zum Jahresende 2005 der Zivilisation entflohen und hat die Tage über Weihnachten und Neujahr in der Sinaiwüste verbracht. Begleitet von den beiden Beduinen Läfi und Mubarak, reitet er auf einem Kamel durch die karge und stumme Steinwüste. Die strapaziöse Wanderung wird zu einer Reise zu sich selbst. Die Natur zwingt sich dem Wandernden geradezu auf, die kühlen Tage und die eiskalten Nächte, die kaum wärmende Sonne und die überall noch nie gesehenen Sterne während der zwölfstündigen Nächte werden zu Gewalten, die dem Europäer bis an die körperlichen Grenzen zusetzen, ihm aber zugleich faszinierende Wahrnehmungen ermöglichen. Das Unbeschreibliche hat er immer neu zu beschreiben versucht. *Wüstentage* ist das Journal dieser Reise, sinnliche Prosa von hoher Intensität.

Klaus Reichert, geboren 1938, Essayist, Übersetzer, Lyriker, war Professor für Anglistik an der Johann Wolfgang Goethe-Universität Frankfurt und ist seit 2002 Präsident der Deutschen Akademie für Sprache und Dichtung.

Klaus Reichert
Wüstentage

Journal einer Reise

Mit Zeichnungen
von Marion Victor

Insel Verlag

insel taschenbuch 3292
Originalausgabe · Erste Auflage 2007

Umschlag nach Entwürfen von Willy Fleckhaus
Umschlagfoto: mauritius images/age fotostock
Vertrieb durch den Suhrkamp Taschenbuch Verlag
Druck: Druckhaus Nomos, Sinzheim
Printed in Germany
ISBN 978-3-458-34992-1

1 2 3 4 5 6 – 12 11 10 09 08 07

ثبان

Nuweiba, Sinai
23. Dezember 2005

Am Golf von Aqaba.
Von Nordosten weht ein scharfer, kalter Wind. Wenn er sich einmal legt, ist es warm, sogar heiß. Der Himmel war am Morgen von niedrig hängenden Wolken schwarz bezogen. Jetzt, gegen Mittag, reißt er auf und gibt eine glühende Sonne frei, hoch oben darüber Cirrus. Auf der anderen Seite des Golfs, gegenüber im Osten, liegen die hohen Bergketten Saudi-Arabiens in rötlichem Dunst. Im Rücken leuchten die Sinai-Hänge erdbraun, mit schwarzen Schattenplacken dazwischen.
Als die Sonne sich wieder bezieht, erscheint darunter ein riesiger Fisch, spitzes Raubtiermaul, grader Rükken, erhobene Schwanzflossen, und die Kiemen hängen aus dem Bauch heraus. Schon ist es eher ein Fischgerippe, wie es sich in Versteinerungen aus Urzeiten findet. Als ich wieder aufschaue, sind nur noch Stricheleien zu sehen, die bald oben in den Cirrusmustern verschwinden.
Ich werde in den nächsten Tagen auf dem Rücken eines Kamels mit zwei Beduinen durch die Sinai-Wüste unterwegs sein. Ich weiß nicht, was mich erwartet, bin etwas beklommen, doch neugierig. Eine gewisse Angst-

lust ist dabei, wie bei einem verzögerten Sprung ins Wasser in der Kindheit, bis einer einen schubste.
Einer der beiden Beduinen, Läfi, ein junger, schmächtiger Geselle, der ein wenig Englisch spricht, holt mich am Nachmittag mit dem Auto ab, um mir stolz sein selbstgemauertes Haus zu zeigen. (Ich hatte gedacht, Beduinen leben in Zelten, in schwarzen Zelten.) Im Hof davor zwischen Plastikabfällen und Papierfetzen liegt im Sand ein Kamel auf der Seite, die Beine zusammengebunden. Läfi und ein Junge, Rachman, binden es los, es setzt sich auf, und sie satteln es, wobei es vom Halsansatz anfangend und hochwandernd gurgelnde, kullernde, blubbernde Geräusche ausstößt, als sammle sich da eine uralte Wut. Als das Satteln beendet ist, springt das Kamel jäh hoch, Rachman, mit einem Stecken in der Hand, kann sich gerade noch aufschwingen, und sie reiten davon an den Ort, von dem aus wir morgen aufbrechen werden. Läfi sagt, das ist Thaban, dein Kamel.
Läfi führt mich in sein Steinhaus mit ein paar Zimmern ohne Türen, die Fenster sind in hellen fröhlichen Farben gestrichen. Seine Frau Salhä begrüßt mich am Eingang. Ein schwarzer Schleier bedeckt das Gesicht bis über Mund und Nase. Im Haus legt sie den Schleier ab; sie hat ein hübsches Gesicht mit ein paar Pickeln, verlorene Augen. Wir liegen, auf Deckenknäuel gestützt,

am Boden in einem der Zimmer auf geflochtenen Matten und Flickenteppichen und trinken schweigend süßen Tee. Um halb drei dröhnt aus einem Lautsprecher im Dorf die Stimme des Muezzin. Läfi rollt in einer Ecke des Zimmers einen Läufer aus und verrichtet stumm seine Gebete mit vielen Verbeugungen und Prostrationen. Ich will hinausgehen, aber mir wird bedeutet, das sei nicht nötig. Salhä betet nicht mit.

Dreimal kommen Männer ins Haus – einer davon ist Mubarak, der andere Führer –, und da verschleiert Salhä blitzschnell das Gesicht. Ich verstehe: Ich zähle nicht, denn ich gehöre nicht dazu. Merkwürdig: Als ich Salhä ein paar Fotos gebe, die die Freundin, die mir den Wüstenritt vorschlug, vor ein paar Monaten von ihr gemacht hatte, legt sie die, die sie unverschleiert zeigen, nach kurzem Blick rasch neben sich ›aufs Gesicht‹. Erschrickt sie vor einem Gesicht, das sie selten sieht – ich, Mann, sehe keinen Spiegel im Haus –, oder will sie es aus Scham vor fremden Blicken auf das Bild schützen? Wie sonderbar alles ist, wie unsicher ich werde und mich an das Beobachten von Einzelheiten halte, weil ich den Zusammenhang nicht verstehen kann.

Auf der Rückfahrt im Pick-up starker Wind, der den Sand und den Plastik- und Papiermüll an den Straßen aufwirbelt und zu bizarren Skulpturentwürfen formt, die sich sogleich zu anderen Formen korrigieren. Es wird kalt, und der Himmel bezieht sich mit schweren Wolken.

Husten, Schnupfen, Halsschmerzen, Schüttelfrost, Gliederschmerzen. Was will ich in dieser fremden Welt, von deren vielen Sprachen ich nicht eine verstehe?

24. Dezember 2005

Die drei Kamele – eigentlich Dromedare, aber die Beduinen nennen sie Kamele – sind gesattelt: eine Decke auf dem Höcker, darauf der schwere Holzsattel mit den zwei hohen Knäufen vorn und im Rücken, darauf noch einmal Decken und Teppiche. Jetzt werden sie noch schwer beladen mit Proviant für sechs Tage, Kochtöpfen, einer Kanne, einer Säge, Holz, Wasserkanistern, Maissäcken, weiteren Decken. Meine zwei Taschen mit Schlafzeug, wenig Wäsche, weniger Waschzeug, prophylaktischen Medikamenten kommen dazu. Ich muß mich hinhocken. Läfi faltet das rotweiß gemusterte Beduinentuch, die Kefiya, diagonal, legt es mir auf den Kopf, schlingt die Zipfel links und rechts um den Schädel. Es sitzt. Ich müsse das tragen, damit die Kamele mich erkennen, sonst beißen sie zu, wenn ich ihnen zu nah komme. Ist das die männliche Form der Verschleierung? Es gibt noch ein anderes Wort für das

Tuch, Amama, die Behütung, wie im Schutz eines mütterlichen Mantels. Darunter sei ich sicher.

Dann geht es los – ich grätsche über den Hals des Kamels, Läfi gibt Zischlaute von sich, immer wieder, das Kamel macht einen Ruck nach vorn, so daß ich fast vornüberkippe, dann einen Ruck hoch mit den Vorderläufen, so daß ich nach hinten kippe, dann einen dritten Ruck, die Hinterläufe sind aufgerichtet, und nach diesem Dreiertakt, der so gemessen ist, daß dazwischen Zeit bleibt für immer wieder erneute Schrecksekunden, sitze ich endlich gerade und hoch, höher als auf dem höchsten Pferd, und die Beine hängen herunter, da es keine Steigbügel gibt.

Wir trotten einen Wadi hoch, Wadi Malacha, der sehr breit ist und im Frühjahr große Wassermassen führen muß, wie ich denke; aber vielleicht war das vor Urzeiten, vielleicht regnet es seit Jahrhunderten hier nicht mehr, so wie es aussieht. Zwischen mittelhohen Bergschluchten schreiten die Kamele auf dem kurvigen Weg, der kein Weg ist, kein Pfad: spurenlos, wie zum erstenmal begangen, manchmal Sand, meist Steine, stumpfes Grau. Die Berge sehen bröckelig aus, Tuffstein, kreuz und quer schraffiert. Selten taucht eine Felswand mit horizontalen hellen oder dunklen Schichtungen auf. Der Himmel, auf den wir zureiten, ist blau und wolkenlos, hinter uns, über dem Golf von Aqaba, ist es wie gestern bewölkt.

Ich sitze bequem auf Thaban – alle drei Kamele sind männlich, Thaban ist das jüngste, erst acht, die andern sind fast doppelt so alt – und kann mich dem wiegenden Gleichmaß des Schreitens im Paßgang überlassen, den langsamen Wechsel des Anblicks der Berge erwarten, dann verfolgen, auf Geräusche lauschen, wenn es sie gäbe. An meiner Seite gluckst der Wasserkanister, unter und vor mir ist das rhythmische Auftreten der weichen Hufe fast nicht zu hören, manchmal surrt eine Fliege heran, leise Geräusche, die die völlige Stille um uns markieren.

Die Läufe der Kamele sind steckendürr, nur Knochen und Sehnen, kaum zu glauben, daß sie darauf so schwere Lasten tragen. Beim Kamel vor mir hängt das Gemächt herunter wie die gefüllte Spritztüte eines Konditors. Wenn am Boden ein Strauch auftaucht – ob verdorrt oder mit etwas Grün –, senken sie die Hälse und reißen mit ihren langen, wie Holz aussehenden, wie Holz klappernden Schneidezähnen ganze Büschel aus, die sie mit der Zunge nach hinten zwischen die großen Backenzähne schieben und geduldig zermalmen. Ist auch im Dürrsten, Toten noch ein Rest Leben? Beim Gehen und Kauen werfen sie ständig ihre kleinen, glänzenden, dunkelbraunen, dattelförmigen Knöllchen ab, ohne den Schwanz dabei zu heben.

Einmal kommen wir an einer Behausung vorbei – Behausung ist das falsche Wort, aber wie soll man das nennen: senkrechte Plastikplanen, von Stangen gehalten? Niederlassungen? Verschläge? Es sind Provisorien, wie für die Nacht errichtet, um alles am nächsten Tag wieder einzurollen und weiterzuziehen. Aber ich höre, daß eine Familie seit Generationen hier lebt. Eine schwarz gekleidete, verschleierte alte Frau steht davor. Man ruft sich etwas zu in einer Sprache, die mein Ohr verwundert. Einmal stehen vier bunt gesattelte und bepackte Kamele in der Landschaft. Ein Beduine steht reglos dabei, antwortet nicht auf Zuruf. Alles steht. Sonst keine Menschenseele weit und breit.

Nach dreistündigem Ritt leicht bergan weitet sich der Wadi, und wir halten vor einer Art Oase: Vor steilen, zu Päckchen und Paketen gefalteten braunen Felsen wachsen hoch oben auf einem Hang vereinzelt Palmen. Hier machen wir Rast, die Kamele werden entladen und verschwinden im Handumdrehen, um Futter zu suchen. Läfi packt das Holz aus und beginnt, Feuer zu machen. Mubarak steigt mit der Säge den Felshang hoch und schneidet trockene Palmwedel aus den Bäumen, deren Spitzen auch aufs Feuer gelegt und deren Rispen sorgsam nachgeschoben werden.

Läfi zeigt auf das glimmende, nie lodernde Feuer und bedeutet, daß Brot darin liege. Nach einer halben Stunde holt er einen steinharten Fladen heraus, auf den er mit einem Stock einschlägt, damit die Asche abfällt. Das klingt erst dumpf, hohl, echolos, dann vertraut wie das vergessene Geräusch des Teppichklopfens in der Kinderzeit, ein freundliches Geräusch, weil es – plötzlich, absichtslos – an die duftende Wärme bürgerlicher Wohnzimmer in dieser Jahreszeit erinnert. Mit dem Messer kratzt Läfi die verkohlten Stellen vom Brot, dann bricht er es krachend – ich höre zum erstenmal, was es heißt, was geschrieben steht, »Er nahm das Brot, dankte und brachs« – und zerreißt es in viele kleine Stücke. Die Stücke sind innen ganz weich, und wir kneten Löffel daraus, mit denen wir, in der Hocke, einen Brei aus Bohnen, Tomaten und Zwiebeln schöpfen, den Mubarak in der Zwischenzeit gekocht hat. Der Brei heißt Ful und ist das ›Nationalgericht‹ der Beduinen. Bohnen? Sie enthalten das Eiweiß, das das rare Fleisch liefern würde. Hat der Vegetarier Pythagoras darum das Essen von Bohnen verboten, weil sie den Nährstoff des Fleisches bergen?

In einer alten Blechbüchse, deren abgeknickter Deckel den Griff abgibt, brodelt Tee, der zu einem Drittel aus Zucker besteht. Nach der Mahlzeit wird das Feuer gelöscht, um Brennmaterial zu sparen: Ich lerne, daß es kostbar ist in der Wüste.

Inzwischen ist es nach hiesiger Zeit drei Uhr, aber die Sonne ist aus der Oase schon ganz verschwunden. Nur die Berggipfel leuchtet sie weiter an, kurze Glut, als seien die Feuer der Schöpfung noch entfacht. Es weht ein kühler Wind. Ich steige an einer verdorrten Akazie vorbei steil bergauf zu den Palmen hinauf, die vor den Felswänden stehen wie in einer Weihnachtslandschaft auf italienischen Renaissance-Bildern oder -krippen. Die Hirten auf dem Felde phantasiere ich mir dazu, aber zwischen Steinen und ein bißchen Sand gäbe es nichts zu hüten. Ach, das liebliche Kleinvieh, Schafe und Ziegen, sie sind Literatur oder Malerei. Trotzdem kommen mir diese Bilder in den Sinn, sehnsüchtig nach etwas ohne Not Verspieltem.

Zwischen den Palmen stehen ein paar niedrige Feigenbäume, Schilf, Hartgräser, um einen grünlich schimmernden Tümpel – kaum mehr als eine Pfütze, kaum einen Meter im Durchmesser – gruppiert, in dem sich das Wasser aus den Felsen sammelt. Mubarak, der mit zwei leeren Plastikflaschen nachgeklettert ist, sagt, das sei gutes Wasser, und füllt seine Flaschen. Die Erde hier oben ist bröckelig, dunkel, gar nicht sandig und scheint fruchtbar zu sein. An den herumliegenden Steinen merke ich erst, wie vielfältig sie sind, den Bergwänden sieht man es nicht an. Sie müssen im Wadi, als er noch meterhoch Wasser führte – vor Jahrtausenden, vor Ewigkeiten –, aus anderen Gebirgen heruntergeschwemmt worden sein: Kalkstein, Sandstein, der rote

Granit, Marmor, sogar Porphyr, aus dem die Ägypter ihre Obelisken schliffen und den selbst die Römer noch von hierher holten.

Auch die Kamele sind bis hier hinaufgeklettert. Ihr majestätisch-stumpfes Schreiten unter Gepäck und Reitern täuscht; sind sie ohne Zaumzeug, das sie sich nur widerstrebend anlegen lassen, stürmen sie davon und sind bald den Blicken entschwunden. Es ist ein sonderbarer Widerspruch zwischen der stoischen Gelassenheit im Gleichmut der Bewegung und ihrer unbezähmbaren Wildheit, und das nach Jahrtausenden der Domestizierung. Dann eine weitere Überraschung: Eines der Kamele steht unbewegt auf einer Felsnase vor den Palmen. Es wittert nicht, es verhofft nicht, es *steht*, eine braune Skulptur. Ich steige noch höher in die Felsen, über die Palmen hinaus, den letzten Sonnenstrahlen hinterher. Als ich nach einer halben Stunde zurückkehre, steht das Kamel immer noch da, hochmütig, statuarisch, unnahbar, wie seit je und für alle Zeit, eine biblische Gestalt.

Es ist fünf Uhr und beginnt zu dunkeln. Die große Stille wird noch größer. Bedeutete ›atemlos‹ nicht etwas anderes, würde ich sie atemlose Stille nennen, unbewegt, ohne das Davor und Danach eines Atems. Manchmal wird sie unterbrochen von einem kalten, scharfen Wind in kurzen Stößen, die von der hinter den Bergen untergehenden Sonne kommen und sich an den Bergen brechen. Dann wieder die lähmende, versteinernde Stille, die an kein Ende gelangt. Dabei dürstet die Wüste nach Tönen wie nach Wasser. Wie alles Sehnen hat es die Bedeutung, daß wir nie finden, wo wir suchen.

Den Kamelen, die von einem einsetzenden Rascheln herbeistieben, hängen die Beduinen zur Abendfütterung Maissäcke um die Hälse, je drei Kilo. Neben dem ruckartigen Wind ist das gleichmäßige, dumpfe Mahlen der Körner das einzige Geräusch.

Ich muß mich auf das Notwendige konzentrieren, Luftmatratze, Schlafsack, Decke ausbreiten für meine erste Nacht unter freiem Himmel, bevor es stockdunkel wird, denn die Nacht bricht hier ganz plötzlich an. Währenddessen machen die beiden wieder Feuer mit den Palmblättern, die schnell verbrennen, so daß ständig neu gebrochen und nachgelegt werden muß. Tee, Tee. Den Makkaroni-Eintopf schöpfen wir mit den Fingern gemeinsam aus einer Schüssel.

Nach dem Essen darf das Feuer diesmal herunterbrennen, und wir wärmen uns die Hände daran. Ich sage: »Ich habe mir drei Zigaretten mitgebracht. Eine für heute, eine für morgen, eine für übermorgen.« Läfi sagt: »Can I have one?« Ich sage, ich hätte doch nur drei. Er sagt: »No problem« und läßt sich eine geben, die er unter seine Kefiya schiebt. Ich weiß, daß er nicht raucht.

Ich sehe, daß die beiden eine Plastikflasche halbiert und eine weiße Kerze hineingestellt haben, die windgeschützt gleichmäßig brennt. Haben sie sie meinetwegen angezündet, weil sie wissen, daß heute für mich kein Tag wie jeder andere ist?

Läfi und Mubarak unterhalten sich in einer Sprache, die nicht arabisch ist, glaube ich, denn es fehlen die Rachen- und Kehllaute, die *glottal stops.* Sie klingt mit ihren O's und Ö's und Ü's wie eine Erinnerung an türkische, ungarische, finnische Laute. Vielleicht ist es ein Ur-Finnougrisch. Aber vielleicht ist meine Beobachtung – kann man Hören ›beobachten‹? – völlig absurd. Auf einmal merke ich, daß nur noch einer spricht, Mubarak. Seine Augen sind groß und bedeutungsvoll, die Stimme dunkel, mit kurzen eiligen Pausen dazwischen, dazu zieht er Figuren in den Sand. Auf der anderen Seite des Feuers sitzt Läfi mit noch weiter aufgerissenen Augen, sein Mund steht manchmal vor Entsetzen offen. Mubarak erzählt eine Gespenstergeschichte. Die ganze Wüste ist, nicht nur nachts, bevölkert von Geistern, bösen und guten, dicken, faltenbäuchigen Weibsdämonen, dürren pavianähnlichen Vierbeinern, die die Sonne anbeten und die Pharaonenzeit überlebt haben. Man tut gut daran, sich vorsichtig zu bewegen, achtsam zu handeln, nicht einen Dattelkern auszuspucken, der vielleicht in das Auge des Sohnes

eines Dschin trifft, der sich dann materialisiert und fürchterlich rächt.
Das Feuer ist erloschen, nur die Kerze brennt noch stetig vor sich hin. Es ist Zeit, gegen sieben, sich vor der Kälte in die Schlafsäcke zu verkriechen, in Pullovern, Jackett und Wachstuchjacke, mit Handschuhen, Schal, dem Beduinentuch auf dem Kopf. Schlangen und Skorpione soll es keine geben; sie verlassen angeblich im Winter ihre Höhlen nicht. Alle Sterne sind jetzt heraus, viel zu viele. Heilige Nacht.

25. Dezember 2005

Am Weihnachtsmorgen um sechs schlägt mir ein eisiger Sprühregen auf das Gesicht. Manna? Die lange, lange Nacht, zwölf Stunden lang, immer wieder wach, Kälte, Wind und der Stoßseufzer »Hüter, ist die Nacht bald hin?«, von Mendelssohn mit dem Tritonus komponiert, dem Teufelsintervall, das ich in Gedanken vor mich hin summe: »Nacht bald hin, Nacht bald hin.« Ich hatte mich so gut es ging eingepackt, mußte mich aber wegen der Blase alle Stunde wieder auspacken – in der am Boden stockdunklen Nacht tastete ich mir den Weg mit der Stirnlampe, um nicht auf die bissigen Kamele zu treten – und fand dann den verrutschten Einstieg nicht mehr recht, so daß immer irgendwo die Kälte hineinpfiff.

Nie in meinem Leben habe ich so gefroren. Mir kam das Second Shepherds Play aus dem englischen Spätmittelalter in den Sinn: die frierenden Hirten in dieser Nacht auf dem Feld, wie die Kälte ganz allmählich die Beine hochkriecht, wie die Füße absterben, die Hände und Arme. Alle Zeichen des körperlichen Elends, ungeschützt in der Winternatur der Midlands, sind so verdichtet, daß sie geradezu zwangsläufig auf eine erlösende Erscheinung hinauslaufen: tröstliche Privilegien einer gläubigen Literatur.

Von meinem Platz aus, halb unter einer Akazie, sah ich Orion über einem Berg aufgehen: Er lag, drei Sterne des Gürtels standen kerzengerade nach oben, Rigel und Beteigeuze strahlend hell wie nie. Nur war der Himmel so übervoll von Sternen, wie die Waren eines Linsenkrämers mit ihren verschiedenen Farbtönungen in einem Souq, daß ich die alten schlichten Konstellationen aus den Lehrtafeln oft kaum ausmachen konnte. Aber am Orion sah ich auf einmal oben, in der Mitte, die lange gebogene Linie, die auf alten Zodiakalkarten den Löwenkopf in der Hand des Jägers bezeichnet, dann unten die hocherhobene Hand, und vom Gürtel hing der Köcher, ein Sternhaufen, von dem ich einmal gelesen habe, er sei jung, also kaum zehn Millionen Jahren alt und stecke somit noch in den Kinderschuhen, ›Braune Zwerge‹ seien darin zu finden, verhinderte Sterne, eintausendfünfhundert Lichtjahre entfernt, so lang wie es dauerte von der Völkerwanderung bis jetzt.

In den nächsten Stunden sah ich in meinem ›Bildausschnitt‹, wie der Große Jäger von links unten nach rechts oben, von Ost nach West, schräg über den Himmel zog. Unter ihm erschien endlich Sirius mit dem Großen Hund über dem Horizont. Und irgendwann standen die sieben Schwestern, die Plejaden, im Zenit, waren aber trotz der Klarheit wie immer nur als ein Knäuel zu sehen. Wie war es möglich, daß die Sumerer und Babylonier, später Hesiod und noch spätere sie mit bloßem Auge zählen konnten und mit ihnen die Tag- und Nachtgleiche bestimmten? Auf der Himmelsscheibe von Nebra sind sie in Abständen zu einem länglichen Ring nebeneinandergesetzt. Waren die Schwestern also einmal unterscheidbar und sind es jetzt nicht mehr? Sehe ich den Himmel als Abgrund unter mir und als Werk der Zerstörung? Die Gedanken tauchen unverhofft wie Sternschnuppen auf und sind ebensoschnell wieder verschwunden, verglüht.

Auch die Plejaden wanderten weiter, und es blieb nur einer im Zenit stehen, der Polarstern, schwach orangerot leuchtend. Wie geduldig, mit welcher Ruhe im Wissen, daß es im Chaos des wüst Verstreuten eine Ordnung geben könne, müssen vor Jahrtausenden die Menschen den Himmel geprüft haben, daß sie diesen kaum auffälligen Stern als Orientierungspunkt entdeckten. Gewiß, er schien zu stehen.

Über dem Beobachten und Dösen und Schlafen und wieder Wachsein war Orion, wie der ägyptische Ra, über den ganzen Himmel gereist und verschwunden. Und von dem Engel, der den Hirten auf dem Felde in der Kälte erschien und »Fürchtet euch nicht« sprach, hieß es, er wäre nur einer aus der Menge der himmlischen Heerscharen, die dann ihr »Gloria« anstimmten. Ihr Troß war abgezogen, als der Mannaregen mich in der Frühe weckte.

Feuer, Tee, ein paar Kekse, keine Hygiene. Tauben kommen und picken im Kamelkot. Brennbares wird verbrannt, Nichtbrennbares eingepackt. Wir verlassen die Stelle, wie wir sie fanden: ein stumpfer grauer Ascheфleck zwischen einem Steinkreis.

Wir reiten einen steilen Canyon hoch, müssen auf halber Höhe absteigen, weil der Weg durchs Geröll für die Kamele schwierig ist. Sie ertasten sich ihren Weg, scheinen ihn nicht mit den Augen zu suchen, setzen die kleinen, weichen Hufe erst vorsichtig probierend auf, dann fest, wobei der Huf breit und platt wird wie ein Pantoffel, als müßte er sich für den Bruchteil von Sekunden am Grund ansaugen. Von der Höhe des Can-

Mittagsmahl am 11. 4. 04

yon – mit einem Blick ringsum auf annähernd gleichhohe, aber verschiedenfarbige Bergzüge unter durchsichtigem Himmel – geht es wieder steil hinunter in eine breite Ebene auf ein Wasserloch zu an einem Felsen, den man nicht erst mit Moses Stab zu schlagen braucht. Ein Beduine lagert davor an einem Feuer. Er führt vier unglücklich dreinschauende Holländer, von denen einer krank zu sein scheint und als Kleider- und Deckenbündel am Rand liegt. Weiter durch die Ebene, die eine halbe Stunde lang zu einer Salzwüste wird. Wieder steigen wir steil bergan auf eine weite Hochebene.

Von Zeit zu Zeit rufen sich die Beduinen etwas zu, und ihre Hände weisen dabei in verschiedene Richtungen. Ich erfahre, daß der Vater hier in diese Richtung ritt, der Großvater in jene, der Onkel in eine dritte. Solche Verständigungen über den Weg werden, wie mir jetzt erst auffällt, mehrfach am Tag gemacht, und ich staune über das generationenlange Wegegedächtnis in einer Gegend, die überall fast gleich aussieht, aber eben nur fast. Trotzdem kann ich mit meinen Augen keine natürlichen Markierungen entdecken, die als Orientierung dienen könnten.

Eine Abwechslung ist ein Kamelgerippe am Weg, weiß gebleichte Knochen, über dem Brustgerippe spannt sich zum Teil noch eine pergamentartige Haut. Beim Daraufklopfen entsteht ein tiefer Laut, wie auf einer dumpfen Trommel. Die Augenhöhlen sind erst kugelrund, dann nach hinten spitz zulaufend. Das tote Kamel soll seit fünf Jahren hier liegen, ausgeweidet von den aasfressenden Hyänen. Aber die Knochen, die gedörrte Haut? In der Wüste verwittert nach unserem Zeitmaß nichts, scheint sich nichts dem natürlich genannten Kreislauf wieder einzufügen, dafür ist die Luft zu trokken, jede Feuchte verdunstet sofort.

Wir lagern zu Mittag an einer von Felsblöcken halbwegs vor dem Wind geschützten Stelle. Die Beduinen machen zwei Feuer, eines fürs Brot, ein anderes für den Kochtopf. Ein Kamel knabbert an einem Busch, ein anderes reckt den Hals in die Akazie. Die Blättchen der Akazien sind ganz zart und weich, wirken wie Tannenzweige in Miniatur, die sich zu Trifolien entfalten. Und dazwischen stehen, im Verhältnis geradezu, gigantische pfeilgerade spitze Dornen, denen gegenüber unsere Rosendornen, auch die an wilden Trieben, sanftmütig sind. Gegen wen haben die Akazien sich mit solchen Mordwaffen bewehrt, wenn die Kamele sie doch samt den Blättchen ohne Schmerzlaut zermalmen? Ich weiß auf einmal, was unter einer Dornenkrone vorzustellen ist und was es heißt, sie auf den Schädel gedrückt zu bekommen: ein Trepanierapparat für die hämische Wollust am Zufügen von mörderischem Schmerz.

Merkwürdig, wie das Hirn geradezu geeicht ist auf bestimmte Daten, auch wenn sie ignoriert werden sollten. In der Nacht waren es erst die Hirten, dann die vor dem heraufziehenden Tag weichenden himmlischen Heerscharen, und jetzt kommt mir das Ende der ganzen Geschichte in den Sinn: der Baum in der Geburtsszene, der davon träumt, einmal das Holz für das Kreuz zu sein.
Stark bewölkt und windig, daher kalt. Wenn die Sonne einmal durchkommt, wird es wärmer, aber sie kann sich gegen den durch nichts gehemmten wütenden Wind nicht durchsetzen, der Wolkengebirge vor sich her peitscht. Nach überlanger Rast um eins weiter, jetzt, um drei, ist schon wieder Schluß, und die Burschen wollen für die Nacht rüsten, obwohl es noch drei Stunden bis dahin ist. Ich glaube, sie sind faul oder haben keine Lust, mit einem unergiebigen Schweiger dahinzuziehen. Oder folgen sie einem anderen, inneren Zeitplan, der kein Plan ist nach meinem Verstand?
Läfi schnieft und niest ständig, schneuzt sich dabei in den Zipfel seiner Kefiya oder den Rock seiner Dschalabiya. Als ich ihn frage, wie man sich in der Wüste einen Schnupfen hole, meiner sei ja hier weggetrocknet, sagt er, er bete täglich fünfmal, müsse dafür Gesicht, Hände und Füße waschen: daher. Den Seinen machts der Einzige, Große also auch nicht leicht. Ich verstehe

aber jetzt, wofür wir die dreimal zwei Wasserkanister um die Bäuche der Kamele brauchen: für das bißchen Brot, Eintopf und Tee, für das Säubern der Hinterteile mittels der in einer Plastikflasche abgezapften Ration hinter einer Felsnase ohne Papier, vor allem aber für den fünfmal täglich anzubetenden Allah, gelobt sei Er, der uns kein Wasser zum Zähneputzen gönnt. Der Bedarf Allahs an Wasser ist größer als unserer. Essen, Scheißen, Gott – die drei Grundbedürfnisse in der Wüste, für die Wasser mitgeschleppt werden muß.

Wir waren weiter ins Gebirge geritten, manchmal durch hohe, enge Schluchten, manchmal durch breite Ebenen, die nicht das sind, was wir Täler nennen, weil sie – so möchte ich es mir vorstellen – im Frühjahr vom Wasser geflutet sind und jetzt rissig vor sich hindösen. Vielleicht stimmt das nicht, denn die Beduinen reden immer wieder von dem ihre Existanz bedrohenden Wassermangel. Vielleicht ist es nur der Wind, der in den Ewigkeiten seiner Dauer dieses Immergleiche geschaffen hat.

Ein langer weißer Bergzug hat eigenartige vertiefte Muster, die wohl durch jahrtausendelange Auswaschungen, bei denen der Wind kräftig mitgewirkt hat, entstanden sind. Sie sehen aber durchaus ›gemacht‹ aus, von einem Titanenwillen hingeballt, nicht mit der Zeit entstanden, als hätte ein gigantischer Bildhauer hier sein Handwerk in bizarren Formen ausprobiert. Oder als wollte die Trostlosigkeit bewahrt werden: Schaut hin, glotzt nicht so romantisch! Oder als hätten Riesen eine Botschaft in ihrem Zyklopenalphabet hinterlassen, die noch der Entzifferung harrt. In der Ferne, auf einem langgezogenen, rosaweiß glühenden Bergkamm, gerät etwas in den Blick, das wie eine chinesische Mauer vor einem vorzeitlichen Königreich aussieht, ganz regelmäßig aufgeschichtet, mit Mörtelabsätzen dazwischen. Als ich es mit dem Fernglas heranhole, sind auch das Felsformationen im Kalkstein. Oder ist es eine der von Jesus verfluchten Städte, Chorazin oder Bethsaida, vom Fürsten der Luft nach hier versetzt? Vielleicht sind die Erscheinungen beides: verwunschene Städte, die aber dem profanen Auge ihr Geheimnis nicht preisgeben und sich unter dem zudringlichen Blick in bröckeliges Gestein verwandeln. Sie erinnern jetzt an die Säulen Salomos im Timna-Tal in der Negev-Wüste, nur sind sie viel viel höher und weiter.

Als die Kamele entladen waren, sind sie sofort davongaloppiert in die weite Ebene auf Futtersuche, die Führer sind auch ausgeschwärmt auf der Suche nach Holz. Ich habe nie verstanden, warum Abraham, als er sich aufmacht ins Land Morija, um Isaak zu opfern, Holz spaltet und mitnimmt. Hätte er nicht an der Opferstatt welches gefunden? Oder während der dreitägigen Reise

durch die Wüste? Vielleicht, vielleicht nicht. Jetzt weiß ich, daß Holz hier so rar und kostbar ist wie Wasser, und begreife die Stelle, die Vorsorge des Patriarchen. Es ist alles dabei: das Holz, das Feuer, das Messer.
Ich sitze auf einem halbwegs windgeschützten Stein mit der Sonne im Südwesten vor mir. Sie scheint noch stark, wärmt aber kaum, und das bißchen Wärme nimmt der Wind. Mubarak kommt auf seinem Holzgang vorbei und trägt trockene Akazienäste über der Schulter.
Ich langweile mich. Ist das das Abenteuer, auf das ich so gespannt war? Es ist eine Leere um mich und in mir – seit ich hier bin, war es erst gestern?, eine saugende, vampirhafte Leere –, die mich auf einmal neugierig macht. Wie genau die Tage in unseren Gesellschaften geplant sind, über jede Stunde ist verfügt, manchmal müssen wir Abläufe koordinieren, leben in verschiedenen Zeitschichten gleichzeitig. Hier ist das Leben nur abhängig vom Sonnenauf- und -untergang, vom Holzsuchen, von Wasserlöchern gelegentlich und daß wir einen geschützten Platz finden fürs Feuer und zum Schlafen. Es ist schwer, dieses Nichtstun auszuhalten. Ich habe mich dem noch nie ausgesetzt, ja, ich fühle mich ausgesetzt, fremd, extraneus. Ohne Bücher, Bilder, Musik und Gespräche, von denen ich abhängig bin oder vielleicht war. Es ist eine Art Ausgeliefertsein.

Aber wem ausgeliefert? Und was wird es mit mir machen? Versuche ich, es von mir wegzudrücken, mich ihm nicht zu stellen, indem ich bei jeder Rast vor mich hin schreibe, mich bediene aus dem Gepäck im Kopf, das ich mitgebracht habe, mich festhalte an dem, was ich ›weiß‹? Werden sonst zottige Bestien mit gräßlichen Fratzen aus meinem Inneren aufsteigen? Ach, das ist etwas für die Erzählungen der Wüstenväter.
Trotzdem graust mir vor der kommenden Nacht.

26. Dezember 2005

Die Nacht begann wieder um sechs (hier sieben) nach einem Eintopf aus Kartoffeln, Zwiebeln, Reis, Tomaten.
Ich war diesmal mit einer zusätzlichen Decke besser eingepackt als gestern, nur um den herausschauenden Kopf wehte trotz Beduinentuch ein schneidender Wind. Ein Starren in die Sterne, ohne sie lesen zu wollen, ein dumpfes leeres Glotzen gegen den nördlichen Himmel. Dennoch muß mein Halbbewußtsein unterschwellig manches notiert haben. Ich stutze nämlich auf einmal, als ich ganz leichte Veränderungen der Konstellationen bemerke, also etwas von der unterschiedlichen Distanz der Sterne zur Erde. Kindliche Freude darüber, daß

nicht nur das ganze Gewölbe sich dreht – oder richtiger: wir uns, ich mich –, sondern daß in ihm die Bezüge sich verschieben wie in einem Kaleidoskop. Ich wußte es, aber jetzt sehe ich es.
Zwei Sternschnuppen. Viele Träume, in einem kam John Cage vor. In der Augustnacht, in der er starb, war ein ganzer Sternschnuppenregen zu sehen.
Gegen Morgen taucht eine haarfeine Mondsichel auf – der Neumond ist vorbei.
Jetzt um sieben (hier acht) sind die Felswände gegenüber und die halbe Ebene von der Sonne bestrahlt, während wir auf der Gegenseite trotz Feuer noch vor Kälte zittern. Die Kamele sind, als Mubarak ihnen die Fußfesseln löste, wieder sofort davongesprungen. Manchmal stehen sie starr wie Denkmäler in der Ferne.
Völlige Stille, kein Wind, wolkenloser Himmel, Stille, wie ein Vakuum leergesaugt ist von Luft. Stille, wie die Reglosigkeit, bevor etwas stürzt. Jetzt ein ruhiger Kratzton in der Nähe, wie Mubarak den Topf vom gestrigen Mahl mit Sand säubert.
Läfi schläft immer noch, seit rund vierzehn Stunden, also wird es noch lange nicht weitergehen. Warum bin ich ungeduldig? Es ist doch gleichgültig, ob wir acht Stunden reiten oder sechs oder vier, wir müssen ja nirgendwo ankommen, haben kein Ziel. Also warum bin ich ungeduldig? Weil ich dafür bezahlt habe, unter-

wegs zu sein, nicht stillzustehen? Weil ich Zeit habe, deren Gegenwert doch von mir schon erlegt ist in Geld, als würde hier anders gezählt? Ich verstehe nicht, was es heißt, Zeit zu haben und sie durch die Finger gleiten zu lassen wie Sand.

Ich gehe in die Ebene, der langsamen Sonne entgegen. Vor mir eine Bergkette wie um einen modischen Hals. Wandernde Wahrnehmung: Rechts Fels, schrundig wie ein räudiges Fell, rötlich, mit kleiner Spitze vorn wie eine Parodie auf das Matterhorn, links eine Fortsetzung der rötlichen Formation, die Mitte aber gibt einen Blick frei auf ein majestätisches Massiv (den Klunker am kopflosen Hals?), vierseitig waagrecht geschichtet, gestuft von Treppenabsätzen, oben nach dem letzten Absatz gekuppelt: ein Mayatempel, wie im Traum gesehen, oder wie man im Traum zu einem solchen Gebilde sagt: »Das ist ein Mayatempel.«

Die Kamele sind tatsächlich verschwunden, lautes, widerhallendes Rufen – »rih! rih!« – holt sie nicht zurück, auch nicht das Rasseln mit den Maisbeuteln. Einer muß losziehen und kommt endlich – was heißt hier eigentlich endlich? – mit einem wieder. Ich sichte die anderen mit dem Fernglas in weiter Ferne, erstarrt wie Steine. Die wollen auch persönlich abgeholt werden.

Beim Packen sehe ich ein plattes, schwarzlackiertes Pelztier gemach das Lager verlassen. Das sei die Rat-

Mittagsrast am 11.9.04

te, die ihm in der Nacht übers Gesicht gekrochen sei, sagt Läfi. Sie sieht aus wie eine Wanze in tausendfacher Vergrößerung, mit schlappem nachschleifendem Schwanz. Also gibt es hier doch Lebendiges.
Schließlich los durch die weite Ebene zu einem Canyon. Die Wände treten immer näher zusammen, so daß ich die mal glattgeschliffenen, mal abblätternden Auswaschungen genauer betrachten kann: Es könnten Götterfiguren gewesen sein, Karyatiden, kleine Tempel, Grabhäuser wie auf Thermessos oder in Kappadokien, dieses hier ist sicher ein riesiger Jupiter-Ammon-Schädel mit den dicken Widderhörnern und -ohren, dahinter ein Stierleib, und das alles ausgewaschen über die Jahrtausende von Wind und Wasser. Die Akropolisstatuen sehen kaum anders aus. Läuft es am Ende auf eines hinaus – Abgase oder Wind und Wasser?
Im Innern wäre der ›Coloured Canyon‹ nur zu Fuß zu erklimmen, also machen wir kehrt und steigen einen engen gewundenen Pfad hoch zu einem Plateau. Die Kamele setzen die Hufe tastend, aber doch sicher und immer im Gleichmaß aufs Geröll. Die manchmal zur Seite spritzenden, klickernden Steine sind das einzige Geräusch. Wenn ich mich umdrehe, den steilen Pfad und den Abgrund daneben hinunterblicke, denke ich, was wäre, wenn das Kamel doch einmal daneben träte? Ob es sich fangen könnte?

Oben auf dem Plateau ist eine Station, eine aus Brettern zusammengenagelte Hütte, zu der auf einer erkennbaren Straße – nein, mehr als Fahrrillen sind es nicht – Touristen aus den großen Hotels von Nuweiba oder Sharm-el-Sheikh heraufgefrachtet werden, um hier ein paar hundert Meter lang die Wüste auf Kamelen zu erleben. Touristen in Jeeps herzufahren und durch die Wüste zu führen sei ein einträgliches Geschäft, sagt Läfi, aber Beduinen bekämen diese Jobs nicht, die Ägypter behielten sie für sich. Wie überhaupt die Tatsache, Beduine zu sein, reiche, um keine Arbeit zu bekommen. Nicht weit von der Station steht ein geräumiges Zelt aus weißen Planen, in dem zwei alte Männer hocken. Platz wäre hier genug für zwei Dutzend Gäste, aber man geht nicht zu Beduinen, drängt sich lieber in der Hütte um Cola und Marsriegel. Einer der Männer reicht uns sofort Tee. Es wird sehr erregt geredet, es geht um die Verachtung der praktisch rechtlosen Beduinen, die andererseits dreieinhalb Jahre Militärdienst leisten müssen gegenüber anderthalb Jahren für Ägypter.

Läfi tauscht mein Kamel durch seines aus: Meins sei unter mir zu lahm. Seins hat einen viel härteren Gang, besonders bergab, so daß ich auf dem Sattelbrett hoch- und runterhoppele. Das schmerzt auf die Dauer im Schritt, und wenn ich zur Erleichterung ein Bein um den Knauf auf den Hals lege, also in den Beduinensitz wechsle, habe ich das Gefühl, vornüber zu kippen, zudem scheuert es am Oberschenkel oder an der Wade. Das geht so eine Stunde, und sie zieht sich. Nach all meinen Empfindsamkeiten in der Stille, mit den Elementen und unter den Sternen ist das wie der Schock der Leibgebundenheit, der ich von Sekunde zu Sekunde gewärtig zu sein habe, vielleicht wie ein Tier. Es ist brutal. Ist das das Wort?

Rast im Sand vor großen freistehenden Felsbrocken, die herausstehen wie Findlinge. Die Brocken sind mächtig, Granit, haben Verwerfungen, auch Einschlüsse, die geheimnisvolle Zeichen ergeben. Vorstellbar, daß sie in frühen Religionen als Götter verehrt wurden, und noch in der Bibel wird Gott ja mit einem Fels verglichen. Die Septuaginta hat dann ›Fels‹ mit ›Kraft‹ oder ›Stärke‹ übersetzt, damit keiner auf dumme heidnische Gedanken kommt. Aber woher sollen, nach dem Gesetz von der Erhaltung der Energie, die Geister, von denen nach Läfi und Mubarak die Wüste voll ist, denn stammen, wenn nicht aus den Heerscharen der von einem eifersüchtigen Gott beseite gewischten, ihm aber immer bedrohlich gebliebenen alten Götter und ihrem Hofstaat? Vergiß die Phantasien, laß los, schau nur hin: Die einmaligen Formen – jede anders, alle ähnlich – sind in ihrer ›Gesuchtheit‹ und Nutzlosigkeit einfach schön. Wie moderne Plastiken, wie Poesie.

Mittagsrast 18. 9. 04

Läfi zieht aus der glühenden Asche einen verkohlten Kinderkopf. Als er die Haut abzieht, kommt darunter eine geröstete Aubergine zum Vorschein, aus der er, mit etwas Öl, eine fabelhafte Creme rührt. Dazu Tomaten- und Gurkensalat, kleine Bananen (die typischen ägyptischen), eine Orange, Tee, Tee. Die Kamele fressen die Schalen, fressen die Reste, fressen alles und brauchen dazu nicht einmal Wasser im Winter.

Ein kleiner Vogel mit schwarzer Halskrause und weißer Schwanzspitze kommt geflogen, und da er nichts findet, fliegt er gleich wieder davon.

Läfi zeigt auf ein großes Loch hoch oben in einer Felswand gegenüber: Hyänen, sagt er bedeutungsvoll und schaudernd. Ob ich vorhin am Berg das halb ausgeweidete Kamel gesehen hätte? Davon hätten sie sich tagelang ernährt. Aber das sei in dieser Jahreszeit selten. Was machen sie dann? Wir umreiten die Stelle weiträumig.

Längerer Ritt durch die Ebene zum Rastplatz für die Nacht unter einer krummen Akazie. Mubarak klettert mit der Säge in dem diesmal hohen Baum herum. Ich hebe die abgesägten toten Äste auf und merke auf der Schulter, wie schwer sie sind. Das ist nicht zu ahnen, wenn man die dünnstämmigen dürren Bäume sieht. Wohl aber begreife ich jetzt aus der Schwere, warum die Bundeslade, die Das Gesetz transportieren sollte und aus diesem Holz, weil es kein anderes gab, gezimmert wurde, so klein war. Sie mußte halten und tragbar sein: zweieinhalb auf anderthalb auf anderthalb Ellen. Vergleichsweise winzig.

Es wird Feuer gemacht mit dem Holz, das ewig zu brennen verspricht.

Beim abendlichen Gang tiefer ins Tal sah ich den kleinen Vogel vom Nachmittag wieder. Er muß drei Stunden mitgeflogen sein. Es heißt, er sei ein Bote, der Glück bringe. Emru'er, so ungefähr heißt er in meiner Umschrift, oder Amru'ech. Er hat ein weißes Köpfchen, Hals und Rücken sind schwarz, der Bauch und das Schwanzgefieder weiß, kleiner, ganz spitzer Schnabel. Er ließ sich lange betrachten, drehte das Köpfchen nach links und nach rechts, hüpfte auf einen anderen Stein, flog ein Stückchen, damit ich seine breitgefächerten Flugfedern bewundern konnte. Lautlos bis auf das Schwirren. Kein Pieps. Aber ich fühlte, daß er mir etwas sagen wollte, daß er wirklich ein Bote war. Woher und von wem? Ich dachte an Siegfrieds Waldvogel. Hätte er gezwitschert, ich hätte mir meinen Vers darauf gemacht.

Später hocke ich auf einem Stein, die Beine übereinandergeschlagen, das Kinn in der Hand, und starre vor mich hin. Als ich merke, daß meine Körperhaltung ein Zitat ist, korrigiere ich sie ärgerlich. Das Feuer ist gelöscht, um die kostbaren, lang brennenden Akazienstämme für morgen aufzusparen.

27. Dezember 2005

Die längste und kälteste Nacht bis jetzt, zwölf Stunden. Hier vergeht die Zeit nicht; wie das Kamelgerippe nach unserem Maß nicht vergeht. Sie steht. Ich schaue auf die langweiligste Konstellation, das gleichschenklige Dreieck, schließe die Augen, döse, brüte, öffne sie wie mir scheint nach einer Ewigkeit wieder, doch sie hat sich nicht vom Fleck gerührt. Sie steht. Fühllose Dauer. Ich döse. Die Kälte ist auszuhalten. Nicht die Gedanken. Wenn sie kommen, gehen sie im Kreis wie Esel, die ein altes Mühlrad treiben. Oder sie sirren wie eine Mücke, die ich erschlagen muß. Hier und jetzt.

Irgendwann wache ich auf, weil die Blase drückt, denke, es ist Morgen, aber es ist erst Mitternacht. Der Jäger Orion steht in voller Montur im Zenit, aber ich bin zu schläfrig, lustlos und kalt, mich in seinen Anblick und seine Umgebung einzulesen. Es ist schwierig, wieder in alle Wärmeschichten richtig hineinzukriechen, wenn man draußen war, der Wind streicht überall hindurch. Als ich endlich liege, beginnt es am rechten Arm zu kribbeln. Eine Ameise. Ich versuche, sie durch die verschiedenen Stoffschichten zu erdrücken, was nicht gelingt. Sie kribbelt an anderer Stelle weiter. Am Ende muß ich mich doch aufraffen, die vier oder fünf Ärmel zu befreien, und kriege sie tatsächlich zu fassen. Ameisen und Sterne – für mein Auge sind sie gleich groß, gleich unzählbar, und beide älter als das Menschengeschlecht.

Um sechs aufgestanden. Alles schmerzt, der Rücken vom langen Liegen, der Bauch, die Beine. Die Nase läuft. Eine Mischung aus Mißmut und Depression: Was suche ich hier überhaupt? Kann ich durchhalten? Um was zu finden? Einkehr, Reinigung – für mich sind das Vokabeln aus einem Lexikon untergegangener Wörter. Aber es gibt jede Sekunde das Glück reinen, freien Atmens in einer duftlosen, vom Wind immer aufgefrischten Luft. Reicht das denn nicht?

Mubarak hat schon Feuer gemacht, gibt mir ein Glas heißen Tee in die klammen Hände. Er knetet den Brotteig auf einem Maissack, legt den Fladen in die heiße Asche, andere Glut häufelt er vom Rand darüber.

Ich habe Zeit. Ist es das, was so schwer auszuhalten ist? Dabei versuche ich, dieses unverhoffte Geschenk zu nutzen, indem ich schreibe. Spüre ich die Zeit als Leere, die ich durch Schreiben auffüllen oder vernichten will? Die Zeit totschlagen? Aber ich habe ja eine Absicht: Ich will die Wüste beschreiben, ihre Eintönigkeit und trostlose Schönheit, und merke, daß ich das nicht kann. Immer kommen mir Vergleiche in den Sinn: Sie sind ein Rückübersetzen von etwas Unfaßbarem, ja, Unfaßbarem in den eigenen Horizont des Verstehens, des Wiedererkennens, auch des Träumens. Dabei sind die Wüsten, wie die Wolken, nicht *wie* ..., sie *sind*. Sind, was sie sind. Ich will also etwas sagen, was nicht zu sagen ist, wie die Liebe, der Schmerz, der Tod, die Trauer, das Glück. Ich habe nicht die Sprache, die dem langsamen Fahren einer Kamera vergleichbar sein müßte. Ich kann allenfalls ein paar Feststellungen treffen:

- Die Wüste ist das Immergleiche und das Immerverschiedene.
- Das Gleichmaß der Fortbewegung ohne Beschleunigungen.
- Einen Weg finden, wo keiner ist.
- Beleuchtung mit länger oder kürzer werdenden Schatten.
- Die vom Menschen gemessene Zeit ist bedeutungslos. Wichtig ist einzig der Sonnenstand, der anzeigt, wann wir uns um den Rastplatz für die Nacht kümmern müssen.
- Die Zeit, ablesbar am Zug der Sterne.
- Das Chaos der Aufschüttungen und bilderlosen Formationen im Großen, die sich in langen Zeiträumen im Wind verändern. Dagegen die starren kristallographischen Ordnungen im Kleinen, in winzigen Steinen, im

Sandkorn mit seinen haargenauen Bruchstellen. Die Gitter zeigen die unendliche Wiederholung, der gegenüber die eintönige Wüste ein Karneval des Unvorhersehbaren ist.

– Die Stille. Sie ist nachts so groß – kann Stille groß sein, oder ist sie eher vollständig, ganz, total, absolut? –, daß mir einmal der Gedanke kam, es könnte dahinter ein ohrenbetäubender Lärm sein, der gleich losplatzen möchte. Wie bei der gefürchteten Meeresstille vor dem großen Sturm.

– Wenn ich den Sternen in ihren Bewegungen lange genug zuschaue, denke ich, sie müßten doch tönen nach alter Weise. Pythagoras hat die Sphärenharmonie als letzter gehört, Kepler hat noch geglaubt, ihr Intervall bestimmen zu können.

Wenn wir lange genug in der Stille sind, hören wir vielleicht doch – durch sie hindurch – etwas noch nie Gehörtes. Ich lege das Ohr ganz dicht an den Boden.

– Zu hören manchmal nachts, wenn ein Kamel mit den Zähnen mahlt, wenn ein Beduine sich auf seinem Lager umdreht, der eigene Herzschlag.

– Die Wüste ist Wind aus ständig wechselnden Richtungen. Kälte.

– Wüste heißt Holz besorgen, Feuer machen, Steine finden, auf denen der Topf mit dem Wasser fürs Gemüse fest steht, Gemüse zerstückeln und ins Wasser geben.

– Wüste heißt keine Hygiene, aber man stinkt auch nicht.

– Wüste heißt herumsitzen oder auf ein Bündel Kleider oder Decken gelehnt lagern, Tee trinken, schweigen. Warten. Ist der Tee aus der Blechbüchse ausgetrunken, wird nicht aufgebrochen, sondern neuer gekocht.

Das Vögelchen ist wieder da, der Glücksbringer. Es singt jetzt zum erstenmal, fünf Töne: drei gleiche, dann einen Halb-, dann einen Ganzton nach oben. Leider klingt es nicht so anmutig, wie das Vögelchen aussieht. Zwischendurch wetzt es den Schnabel am Stein. Dann ist es auf einmal nicht mehr da. Wie das Glück.

Ritt durch eine sehr breite Ebene, die einst im Frühling zur Hälfte vom Wasser überschwemmt wurde, zur Hälfte Sandwüste ist mit sich verschiebenden Dünen. Wir reiten einen Hügel hinauf und hinab in ein schmaleres Seitental. Gelegentlich sehe ich kleinere Steinaufschichtungen, wie Altäre für die Geister alter Götter. Oder auch in Kreise gelegte große Steine, die nicht als Feuerstelle gedacht sind. Im Sand gestern die Spuren eines kreisrunden Steinrings, aber die Steine, die sie gemacht hatten, waren verschwunden.

Dann wieder Steine wie von Kronos ausgespien, weil man sie ihm statt seiner Kinder vorgesetzt hatte. Also die nicht-verschlungenen Zeit-Marken.

Irgendwann drei Palmen und ein Brunnen im Sand,

davor ein Beduine am Feuer. Wir halten an – endlich ein paar Handvoll Wasser für das ausgedörrte Gesicht –, bekommen Tee, palavern lange. Der Beduine trägt eine große Armbanduhr, er zupft immer wieder den Ärmel hoch, damit wir sie sehen. Sie zeigt irgendeine Zeit, jedenfalls nicht die gegenwärtige. Als mein Blick nach einer Stunde wieder auf die Uhr fällt, sehe ich, daß der Zeiger nicht weitergerückt ist.

Wieder aufsitzen, nach wenigen hundert Metern wieder absitzen, Halt zu Mittag in einer Art Sandkuhle, in der sich die Sonne fängt und es windstill ist. Wir waren kaum eine Stunde auf den Kamelen, und ich habe den Eindruck, meine Beduinen möchten am liebsten hokken, dösen, Tee trinken, ein bißchen reden, schweigen. Warum bin ich wieder ungeduldig, unruhig, statt mich ihrem in unvorhersagbare Tagesportionen geteilten Rhythmus zu überlassen? Wo will ich denn hin?

Ich kraxele einen bröckeligen Fels aus Kalk-, Kiesel- und Sandstein hoch. Hier und da liegen einzelne bunte Steine, in kräftigen, geradezu schreienden Farben in der ganzen Skala des Spektrums, blau, grün, gelb, violett, auch grau. Wenn ich an einen dieser Steine trete, zerfällt er zu Farbstaub, so wie man ihn im Farbengeschäft zum Anrühren kaufen kann. Andere Steine zeigen die gleiche bunte Palette, sind aber fest. Ist die Farbigkeit eine Erinnerung daran, daß dieses Gestein aus

›lebenden Wesen‹ hervorging, bis irgendwann das Organische ›ausgewandert‹ ist? Sehnen die Farben sich nach ihrer Herkunft, indem sie sie verstreuen wie Gräser ihren Samen, aus dem das Alte neu erstehen soll?

Beim Weiterreiten an viele Meter hohen, eisenverstrebten Strommasten vorbei, die vermutlich die ganze Sinai-Halbinsel der Länge nach bis zur Spitze durchschneiden. Brutal, triumphal, trotzig, wie sie da stehen und die Landschaft verschandeln. Aber was heißt hier Landschaft – oder auch Natur? Für uns ist es etwas aus sicheren Schutzräumen zu Betrachtendes, ästhetisch zu Genießendes. Hier nicht. Hier ist es gewalttätig, hart, streng. Unfruchtbar. Tot. Die romantische Exotik steht nur in den Büchern.

Warum soll man schließlich nicht auch über poesieunverdächtige Strommasten nachdenken? Mit den Masten in der Wüste stehen zwei Zeiten in einem Wechselverhältnis: Der Himmel zeigt die Unermeßlichkeit der Zeiten und Räume, die Masten demonstrieren die Aufhebung von Raum und Zeit durch Elektrizität. Insofern ergänzen sie sich. Die Gegend sieht schwarz und verbrannt aus, wie nach einer großen Katastrophe. Unzeit.

Wir kommen aber wieder in eine weite Sandwüste hinab, in der wir vor riesigen, verstreut stehenden Granitblöcken wie versteinerten Gefühlen und einer in grotesken Fratzen gezackten Wand das Nachtlager aufschlagen. Gegenüber, schon im Schatten, steht eine hohe Kalkwand mit rutschigen Brocken. Unten an der Wand, unter einem Felsvorsprung, viel alter, vertrockneter Ziegen- und Schafskot. Hier sollen im Frühjahr die Hirtinnen das Kleinvieh weiden, wenn in der dann überfluteten Ebene die blutroten Anemonen sprießen. Zwei Beduinen kommen im Galopp angeritten, rufen den meinen etwas zu, steigen ab, bekommen Tee und reden laut gestikulierend. Finstere, irgendwie bedrohliche Gesellen. Dann reiten sie ebenso schnell wieder zurück in die Richtung, aus der sie gekommen sind. Ich sehe durchs Fernglas, daß am Ende der weiten Sandebene ein ganzer Trupp Beduinen steht. Steckte ich in einem Hauffschen Märchen, wüßte ich, daß es Kundschafter einer Räuberbande sind, und wir müßten uns für die Nacht verbarrikadieren. Trotzdem ist mir nicht ganz wohl.

28. Dezember 2005

Lange von meinem Lager aus in die Sterne gesehen, mit dem Interesse eines, der seine Lektionen repetiert. Eine Wanderung: Orion mit Beteigeuze, von da zu den Zwillingen mit den sehr hellen Castor und Pollux, darüber Fuhrmann mit Capella, darüber die Schlange des

Perseus, die heute fast unterscheidbaren Plejaden, und von da über Aldebaran wieder zurück zum liegenden Orion. Sirius kommt für meine gegebenen Verhältnisse spät über den Horizont, aber seine Helligkeit nimmt sofort den schwächer strahlenden – das heißt den entfernteren – Sternen das Licht. Als ich später, nach, wie mir scheint, langer Nacht erwache, steht der Große Wagen lotrecht über mir, wie ich ihn noch nie sah, und es ist nicht einmal Mitternacht. Mein Schlafplatz liegt auf leicht abschüssigem Grund, weshalb Schlafsack und Matte und Decken abrutschen und ich sie ständig hochziehen muß. Extrem kalt und windig.

Nachtzeit zum Erinnern: der Blick ins Feuer, das oft, wenn wir keine Akazienstämme haben, aus parallel nebeneinander aufgestellten Hölzchen und Stöckchen von Hartgräsern gebildet ist. Gestern sahen die Glutköpfchen aus wie Figuren aus einer Nürnberger Spielzeugschachtel, Hampelmänner, Räuchermännchen, Soldaten hoch zu Roß mit bunten Mützen, Ochs und Esel, die hölzernen Tierpärchen, die auf einem Steg aus der Arche Noah herabgetrabt kamen.

Vorgestern waren die Glutköpfe auf den dürren Leibern ein Maskenreigen James Ensors, und eine lüsterne Frauenfratze verwandelte auf einmal den ganzen Zug in Figuren aus einer Versuchung des heiligen Antonius, lauter geile, lockende Gesichter und Bewegungen hinter flirrenden Schleiern, die etwas preisgaben und wieder verhüllten, durch das Hin und Her des Feuers im Wind.

Erotische Phantasien oder Träume habe ich bisher keine gehabt, obwohl ich sie nach den Legenden der Wüstenväter und Mönche und ihren so oft gemalten und radierten Versuchungen eigentlich erwartet hätte. Aber nein. Nichts. Es scheint, daß alles Fleischliche durch die Härte der Lebensbedingungen verstummt und abgetötet ist, verdorrt. Auch essen wir kein Fleisch, haben keinen Alkohol, im Gemüse sind keine scharfen Gewürze, nur ein bißchen Pfeffer und Salz. Zwei Tage ohne Wasser, ohne sich aus- und anzuziehen, waren unangenehm. Jetzt, am fünften Tag, ist es schon egal. Man gewöhnt sich. Manche Wüstenväter waren stolz darauf, sich ihr ganzes Leben lang nicht gewaschen und nie die Kleider gewechselt zu haben. Es wird berichtet, sie hätten lieblich geduftet – der Geruch der Heiligkeit überdeckte wohl alle anderen Dünste.

Ich sitze auf einem Stein neben einem Kamel, das einen mit den vier Hauern und den Schneidezähnen ausgerissenen verdorrten Busch zermalmt. Es entstehen dabei Bäche von triefendem Speichel. Bei einem Tier, das im Winter nicht trinkt. Zwei Adler kreisen über einem Berg im Blickfeld, verschwinden bald wieder.

Wir haben einen langen Ritt durch die Ebene hinter

uns, bei angenehmer Wärme. Unterwegs wirft Mubarak das Lasso um den hohen toten Ast einer Akazie, bis er herunterbricht. Dann zersägen beide den Ast mit einer Bugsäge so weit, wie sie die kleineren Stämme noch den Kamelen aufladen können. Den Rest verstecken sie hinter Steinen. Für das nächste Mal.

Die Armut der Beduinen: Läfi findet eine nicht verrostete Blechbüchse am Weg und nimmt sie mit – die alte, in der dreimal täglich unser Tee kocht, wird bald durchgerostet sein. Der dicke Akazienast, den Mubarak vorgestern abgesägt hat, wird abends angesteckt und gibt eine gute Wärme, wie er langsam vor sich hinglimmt. Wenn die beiden sich zum Schlaf rüsten, wird die Glut am Klotz mit Sand gelöscht. Am Morgen kommt das angekohlte Holz zum Gepäck für den nächsten Abend.

Beim Ritt hoch in die Berge mußten wir absteigen, weil es zu steil und noch unwegsamer für die Kamele war als sonst. Bisher hatte ich geglaubt, sie trotteten im Schritt dahin und ich könnte bequem nebenher gehen. Jetzt am Berg merke ich, daß sie genauso schnell oder langsam gehen wie in der Ebene, obwohl sie sich den Weg erst suchen müssen. Sie gehen so schnell, daß ich außer Atem gerate, wenn ich sie nicht aus den Augen verlieren will. Ich verliere sie bald aus den Augen. Ich kann aber auch keinem Pfad folgen, weil es keinen gibt. Da die Kamele trotz des auch für sie beschwerlichen Weges nicht aufhören, sich zu entleeren, muß ich nach frisch gefallenen, glänzenden Knöllchen suchen oder nach Tritten, wenn zwischen den Steinen einmal eine Strecke Sand ist. »Wo kann ich dich finden, wo wirst du lagern zur Nacht?« fragt die junge Frau im *Hohenlied*. »Folge nur den Spuren der Schafe und Ziegen«, antwortet der Geliebte. Jetzt weiß ich, was das heißt, wenn es keinen Weg gibt.

Während der Rast in der zum erstenmal heißen Sonne sehe ich einen Skarabäus im Sand, länglicher als unser Pillendreher, aber ebenso schwarz-glänzend. Als ich ihn näher betrachten will, verschwindet er rasch mit seinem Geheimnis in einem Loch.

Läfi zeigt mir ein Pflänzchen mit stark und hart behaarten, herzförmigen, grünen Blättern, die streng riechen. Das sei ein Kraut gegen Blutzucker. Die Wüste sei voll von Heilkräutern – die einzige Medizin für die Beduinen. Er tut zwei Blättchen des Kräutleins ›same‹ in den wie immer überzuckerten Tee, der jetzt bitter schmeckt. Läfi reißt den ganzen kleinen Busch für mich aus – für zu Hause.

Die Berge sehen manchmal zerknittert und fleckig aus wie Tücher, in denen sich Paare tagelang geliebt haben. Zerraufte Laken. Dann eilig verlassen. Dann verwandelt sich beim Reiten die Wand in vielfach verschnürte

جبال مليحس
26.3.06

Päckchen, die die Liebenden einander zugedacht hatten und die zu öffnen ihnen die Zeit fehlte. Sie mußten ja weiter, auch wenn nichts und niemand auf sie wartete außer das Exil.

Grau, braun, gelb, manchmal rötlich, wenn auf die Kämme die Sonne scheint. Viel Granit, Porphyr. Schwarze, langgezogene Einschlüsse, wie in arabischer Schrift geschrieben, dann gelöscht, wie ein Palimpsest jetzt. Und alles unfruchtbar, leer, tot bis auf das ausgerissene Herzgewächs und bis auf einen höheren Strauch mit fetten runden Blättern, die an der Spitze einen Dorn haben – ›beithorant‹, gegen verdorbenen Magen. Die Unfruchtbarkeit: als wolle die Erde unberührt bleiben, wie sie es vor der Schöpfung war.

Was ist Langeweile? Noch ein Berg, noch ein Berg, noch ein Berg, in der Nähe, der Ferne, hinauf und hinunter. Die unheimliche, leere Weite, immer weiter und weiter. Die Aufmerksamkeit versucht, wie ein Kameraauge, in der Bewegung oder im Stillsitzen alles zu registrieren an minimalen Veränderungen der Eintönigkeit, ermüdet aber unter der angespannten Konzentration. Es wird langweilig. Die Gedanken schweifen ab, um in schwebender Aufmerksamkeit auf jede auffälligere Unterbrechung zu reagieren – einen unverhofften Schritt des Kamels, vielleicht doch einmal eine Wolke, ein neues Geräusch. Aber es geschieht nichts. Und so fliegen die Gedanken, die keine sind, hin und her – wie Schwalbenschwärme, die unvermittelt die Richtung ändern –, um dem Gleichmaß auszuweichen, das unter mir seinen Gang geht.

Wie schwer ist es schon, das dreisätzige Stück *4′33″* von John Cage zu ›spielen‹ oder auszuhalten, in dem nur *silence* – Schweigen? Stille? – vorgeführt wird. Dabei sind es nur vier Minuten, dreiunddreißig Sekunden. Und hier?

Noch ein Berg, noch ein Berg, noch ein Berg. Das erinnert an Mendelssohns Definition des Erhabenen: eine lange lange Reihe gleichförmiger Säulen, und noch eine Säule, noch eine, noch eine ...

Es gibt gerichtete und ungerichtete Langeweile. Sie ist gerichtet, wenn ich darauf warte, daß etwas bestimmtes schließlich eintritt, daß der Zug, das Flugzeug, daß Herr Godot endlich doch noch kommt. Die ungerichtete Langeweile dagegen läuft ins Leere, sie ist kein Überbrücken der Zeit wie beim Warten, sie kann nur unterbrochen werden, jederzeit oder lange nicht. Wenn ich diese zweite Langeweile – kann ich sie melancholische Langeweile nennen, ein Warten ohne Hoffnung, ohne Verzweiflung? – aushalten könnte, hätte ich einen ersten Schritt in die Wüste getan, und vielleicht würde sie antworten auf das, was ich hier suche. Die Langeweile als ein Geschenk, als ein mir ganz und gar

unbekanntes, fremdes Glück zu verstehen wie das Zeithaben, gelingt vielleicht nur, wenn ich nichts mehr will. Wenn es nicht zu spät dafür ist.
Wörter für Wüste suchen. *Solitudo*, das ist der freigeschlagene Platz, die Wüstenei, die Verwüstung. »Sie machen eine *solitudo* und nennen es Frieden«, läßt Tacitus im Agricola einen britannischen Heerführer gegen die Römer sagen. *Désert*, *deserto*, *desert*: das Verlassene. Ich frage Läfi nach dem arabischen Wort, und er sagt spontan dschebel. Ich sage: »Nein, das heißt Berg.« Und er: »Doch, *dschebel*, aber es gibt noch das arabische Wort *sachara chirda*, beduinisch *sahir*, was leere Wüste heißt.« Das bedeutet, daß für meine Beduinen aus dem Stamm Tarabin Berge und Wüste das gleiche sind; die Sahara ist etwas anderes. Wo Luther »wüst und leer« übersetzt, steht im Original *tohuwawohu*, das heißt »ungeformt, chaotisch«.
Merkwürdig ist das hebräische Wort für Wüste, *midbar*, das zugleich die Artikulationsorgane bezeichnet: Kehle, Velum, Gaumen, Zähne, Zunge. Gibt es eine Brükke zwischen den unterschiedlichen Bedeutungen? Ist es die wüste Leere zwischen den Dörfern, die die Liebenden im *Hohenlied* voneinander trennt? Und dann die reine, bedeutungsleere, bedeutungsschwere Gestalt der Stimme der Geliebten – ihr Ach, ihr Ja –, die der Geliebte preist? Nein, fragen wir nicht nach dem gemein-

samen Wurzelgrund. Preisen wir statt dessen die schroffe Schönheit des Nichtzusammenpassenden.
Ein noch blauer Abendhimmel um fünf, der sich langsam in grauweiße Schlieren auflöst, die in lichtes, leichtes Rot übergehen. Schnell Nacht.

29. Dezember 2005

Gestern abend lange den Sternen zugeschaut in ihrem Zug von Ost nach West. Ich liege diesmal unter Kassiopeia und der langen Andromedabeuge. Vier Sternschnuppen. Wenn ich denke, daß die Sternschnuppe eine winzige Partikel ist, die auf die Erdatmosphäre auftrifft und an ihr entlangratscht, fällt mir die alte Vorstellung des geschlossenen Kosmos und der Kristallschalen ein. Können die Alten eine Vorstellung von der kugeligen Erdatmosphäre gehabt haben? Jenseits davon wäre die *quinta essentia*, der ›Äther‹. (Im *Timaios* nachsehen.)
Die Beduinen machen das dumpfe Klopfgeräusch – das Brot ist fertig. Langsam kommt ein kalter Wind auf, in den Graden, wie die Sonne den Bergkamm gegenüber von hinten erklimmt.
Noch einmal zu den Akazien. Tauchen diese immer vereinzelten Bäume, meist Bäumchen, in der Ferne auf,

12. 9.

sehen sie fragil aus, graziös, wie ein schüchterner Einspruch gegen die Härte der Wüste, mit der Stickschere aus Papier ausgeschnitten. Von den dünnen Stämmen, die sich meist mannshoch teilen, gehen lange Zweige aus, die den Eindruck halb geöffneter Fächer machen. Kommt man näher, verlieren die Bäume ihre Gestalt und sehen aus wie ein zerhauenes, kreuz und quer wachsendes Gewirr. Direkt aus den langen, dünnen, rostbraunen Zweigen wachsen winzige, sehr zarte, weiche, gefiederte grüne Blättchen, nicht größer als ein halber Zentimeter jedes, fünf oder sechs an einer Rispe. Und dazwischen stehen die langen schrecklichen Dornen, bis zu fünf Zentimeter lang, weiß wie ausgebleichte Knochen, manchmal schwarz, Totenbolzen, obwohl sie am lebenden Zweig wachsen. So hart wie die Dornen ist das sehr schwere Holz. Unser einer Klotz hat drei Abende lang Feuer gegeben.

Wir ziehen auf sehr steilen Pfaden hoch ins Gebirge. Oben auf dem Grat müssen wir, wie so oft, absteigen, weil der Weg hinunter für die Kamele zu abschüssig ist. Wieder vergrößert sich der Abstand zwischen dem Trüppchen und mir beträchtlich. Bald habe ich sie aus dem Blick verloren und muß mir meinen Weg durch Geröll und dicke oder platte rutschende Steine wieder selbst suchen. Wenn die Kamellosung trocken ist, weiß ich, daß ich falsch bin. Unten am Berg geht es dann einen sandigen Wadi entlang. Irgendwann, gegen Mittag, taucht in der Ferne das Meer auf. Die Beduinen, die schweigsamen, ziehen sofort ihre Handys aus der Tasche – hier haben sie endlich wieder ›Netz‹ – und beginnen laut zu telefonieren. Das empfinde ich einen Moment lang als Schock, ›a desecration of silence‹, als wäre ich der Wüstenmensch und sie ich.

Ich merke, daß die Wüstenreise zu Ende ist, was mich überrascht, denn ich hatte mit noch einem Tag gerechnet. Aber gut. Vielleicht hat Läfi Sehnsucht nach seiner jungen Frau.

Auch die Kamele sind auf das Ende noch nicht eingestellt, bleiben stur stehen und warten, daß es weitergeht. Läfi stößt Zischlaute aus, damit sie sich bequemen, auf die Knie zu sacken. Ich verabschiede mich von Thaban, kraule dem Verläßlichen, das bedeutet sein Name, das kurze, kratzige Wollfell, bis er am Hals wieder drohend zu kollern beginnt und ich vor seiner abrupten Kopfdrehung zur Seite springe. Vielleicht ist es seine Form der Zuneigung zu einem fremden Gesellen, aber ich fürchte seine langen Schneidezähne, wie die Beduinen ja auch. Der Junge Rachman ist wieder da, er und Mubarak schaffen die Kamele fort, ein japsendes Auto holt Läfi, mich und das Gepäck ab.

Ich hatte Läfi schon bei unseren kargen Gesprächen am Feuer von meinem Wunsch erzählt, einen schwarzen

Ziegenhaar-Teppich zu besitzen, wie die Beduinen ihn seit biblischen Zeiten als Zeltbahnen herstellen. (Zelt heißt in der Beduinensprache ›beyt shar‹, ›Haar-Haus‹.) Schwarz waren die Zelte Kedars, des Abrahamenkels, Ismaelsohnes, des Wildeselmenschen, des Vaters der Nomaden. Die würden kaum noch hergestellt, sagt Läfi, Wellblech oder abgeschraubte Straßenschilder täten es auch, aber er habe eine Tante, die mache sie noch, die Ziegenhaarbahnen, vielleicht könnten wir sie besuchen in der Wüste, es sei weit, mit einem Pick-up oder Jeep ginge es.
Das Hotel, das ich gebucht habe, kennt keiner. Es sei neu. Es liegt an einem Strandstreifen am Golf von Aqaba, neben einem Dutzend Hotelrohbauten, die vor Jahren aufgegeben worden sind: nirgendwohin führende Treppen, nicht zu Ende gemauerte Schornsteine, Fensteröffnungen ohne Rahmen, durch die der Wind streicht. Mein neues Hotel sieht aus, als wäre es vor langer Zeit verlassen worden. Vom Schmutz blinde Fenster ohne Vorhänge, durchgesessene Diwane, immerhin Blechstühle aus der Vorplastikstuhlzeit, lange nicht entlohntes Personal steht abweisend herum in Pullovern und Badeschlappen. Aus sechs Kesseln dampft irgendein Essen, aber keiner will es haben. Anscheinend bin ich der einzige Gast. Mir fallen die Wörter von gestern ein – *désert, deserto, desert* –, und ich den-

ke: Genau das ist es hier, gottverlassen. Denn die Wüste, die ich erfahren habe, ist voll des Unverlassenen, der immergleichen, immerungleichen Steine und Felsen, von Wind, Sand und Sternen. In der Öde hier beginne ich mich schon zu sehnen nach der Wüste als einer verlorenen Fülle.

Ich flüchte mich ans Meer, wo mir ein eiskalter, wütender Wind entgegenschlägt. Gegenüber sind schemenhaft die Bergzacken Saudi-Arabiens zu erkennen. Das ist – war? – Arabia felix, das Land, in dem Myrrhe und Weihrauch wachsen.

Auf einmal steht im Dunkel eine Gestalt neben mir und schreckt mich aus meinen Träumen. Es ist Läfi, der mir zwei Stücke Ziegenhaar-Teppich bringt, ein längeres und ein kürzeres, vor Jahren von seiner Tante gearbeitet. Das Material fühlt sich rauh und grob an, geradezu wild, wie etwas Lebendiges. Die Fäden sind eng, aber nicht zu eng, geknüpft. Oder sind sie gewebt? Ich verstehe die Technik nicht. Übermorgen wollen wir zur Tante fahren und sie uns zeigen lassen. Das ist eine Aussicht in diesem Niemandsland.

30. Dezember 2005

Der erste Blick seit Tagen in einen Spiegel zeigt einen alten bärtigen Mann mit zerfurchtem, zerhacktem Gesicht, aus dem tiefliegende Augen mich fragend und von weit her anblicken.

Eine Dusche, aus der das Wasser nur tröpfelt, dafür ein WC, dessen Spülung sich nicht abstellen läßt. Jetzt merke ich, was mir während der vergangenen Tage nicht bewußt gewesen war, daß mir das Wasser gefehlt hat, nicht um mich zu waschen, es war eher sein schieres Vorhandensein, das Strömen und Fließen, das Geräusch, die tägliche Berührung des Wassers. Sonst fehlte mir ja nichts. Gut: Wärme.

Im viel zu weichen Bett höre ich das gleichförmige Rauschen der Spülung, und von draußen höre ich das immergleiche laute Anbranden der Wellen im Takt unter einem scharfen Wind. Der Wechsel von den Sternen zum Wasser, vom Sehen zum Hören.

Ich fühle, daß die Koordinaten von wichtig und unwichtig sich verschoben haben. Unwichtig geworden ist, was zählte, was galt: Anspruch, Kenntnis, die Rücklagenfonds im Kopf. Lernt man nebenbei, was wichtig ist, als ein Gefühl, eine Stimmung, die noch nicht als ›Einsicht‹ über die Schwelle des Bewußtseins treten und vielleicht – in anderer oder gewohnter Umgebung – wieder verschwinden kann?

Ich habe ein paar Tage lang in verschiedenen Zeitschichten gelebt, wobei ich die eine, die gewohnte, glaubte unterdrücken, verscheuchen zu können, aber sie lief als Subtext immer mit. Bei Roger Caillois habe ich einmal gelesen, daß sich Gesteinsschichten, die sich in andere schieben, mineralogische Ordnungen (= Systeme) in andere Ordnungen pressen, Dodekaeder in Oktaeder usw., und daß dadurch die Verwerfungen entstehen. Was ich also sah an den Felswänden – »die Schmerzflecken auf dem Stein« (Wittgenstein) –, war die Unvereinbarkeit zweier Ordnungen, ineinandergeschoben, jetzt gleichzeitig sichtbar und lesbar. Verwerfungen.

In der Nacht holen mich Träume ein, die die alte Ordnung – nur sie – geltend machen. Ich weiß, wovon die Rede ist, auch da gibt es das Immergleiche, nur anders. Neu zusammengesetzte Versatzstücke eines langen Lebens. Einmal gibt es eine komische Sequenz: Ein ätherischer Freund schneidet bedeutungsvoll Wurst an einer Maschine im KaDeWe, seine Frau wiegt sie ab, als gälte es die Welt.

Anderthalb Stunden die Straße entlang bei scharfem Wind vom Meer, gegen den ich mich manchmal stemmen muß. Die Menschen in den seltenen Autos sehen mich an wie den Mann im Mond, denn hier geht keiner zu Fuß. Manchmal kauern verschleierte Frauen am

Straßenrand und warten, daß ein Auto sie aufliest. Sie winken aber nicht, sie harren gottergeben. In einem Palmbusch unbändiges Vogelgestreite, aber ich sehe keinen, der auffliegt. Auf dem Rückmarsch streiten sie immer noch.

Mit dem Beduinenblick für Brauchbares im Müll am Weg sehe ich hölzerne, käfigartige Kisten. Sie wirken sehr stabil gebaut, verstrebt, aus den Mittelrispen von Palmwedeln von kundigen Handwerkern gemacht, alle fast gleich. Die Öffnungen sind zu groß, als daß es Vogelkäfige sein könnten. Die Kisten wiederum zu klein für Hühnertransporte. Vielleicht sind es Gemüsekisten. Aber würde das nicht durchfallen? Für etwas müssen sie doch gut sein. Oder nicht? Wie sie da liegen, hingeworfen als Abfall, nebeneinander, übereinander, quer, schräg, gibt jede Kiste einen anderen Blick auf ihre Struktur frei. So entsteht eine multiperspektivische, anmutig-leichte Skulptur aus braunen Kistenkäfigen, umbaute Luft, alle gleich und jede anders.

Ayn Fortaga
31. Dezember 2005

Geträumt von einer krummen Flöte, die aus einem unbekannten Material gemacht ist. Ich denke im Traum: Wenn man spielen kann, ist es ganz egal, worauf und womit.

Läfi, in weißer, frisch gebügelter Dschalabiya, als gälte es ein Schlachtfest, kommt eine Stunde vor der verabredeten Zeit mit einem alten Nissan-Pick-up. Wir müssen noch einkaufen – Bananen, Apfelsinen, Datteln, Tee, Zucker, Tomaten, Gurken, Wasser, Mehl, ein tiefgefrorenes Huhn. Er will nicht, daß ich ihn begleite, weil dann die Preise gleich verdoppelt würden: »The Egyptians are terrible people.«

Sein Bruder Selim steigt dazu und steuert den Wagen. Wir fahren durch das große weite Tal Hassale, das alle paar Jahre im Frühjahr von einem gewalttätigen Regen brutal überschwemmt wird. Man sieht es daran, daß oberhalb des Talgrundes Büsche wachsen, sonst wachsen sie immer nur ganz unten am Rand.

Wo der Sand nach dem Ablaufen des raschen Wassers in der Sommerglut ausgedörrt und rissig geworden ist, sind plane Landkarten entstanden, mit Inseln und Kontinenten, die zeigen, wie die Welt auch hätte aussehen können. Wo die planen Karten abbrechen, entstehen

Profilkarten mit Bergen, Tälern, Schluchten, trockenen Wadis, manchmal einer runden platten Mesa. Steckt in diesen Landschaften auf einmal ein Kameltritt, wirkt das wie das grobschlächtige, fühllose Eindringen einer fremden, überdimensional großen Macht in eine andere Welt.

Nach zweistündiger Kreuz-und-quer-Fahrt auf vorhandenen, aber zugewehten, kaum sichtbaren Wegen, kommen wir an ein berüchtigtes großes Stück Sandwüste, das ohne Vierradantrieb schwer zu befahren ist. Wir haben keinen. Läfi und Selim haben Säcke bereit, die sie mit Sand füllen und auf den Wagen asten, außerdem lassen sie die Hälfte der Luft aus den Reifen. Dann braust Selim in einem solchen Tempo los, rauf und runter über die Hügel rasend, daß der Wagen ein paarmal zu kippen droht. Ich werde hin und her geworfen, muß mich festhalten und sehne mich nach dem Rükken meines Kamels, auch wenn es manchmal kleine Sätze machte, bei denen mir anders wurde. Als die Sandwüste ohne steckenzubleiben überwunden ist, laden sie die beiden Säcke wieder ab und verstauen sie unter einem Busch für die Rückfahrt.

Von irgendwoher nähert sich ein zweiter Nissan-Pickup, hält an, und heraus springt ein hochgewachsener, schöner Beduine. Er wird mit vier Küssen auf die Wangen und zweien auf die Nase begrüßt – er ist ein Ver-

wandter aus dem Norden. Statt zur Tante zu fahren, wie geplant – aber Pläne gehören ja einer anderen Zeitrechnung an als der hier geltenden –, wird jetzt abgeladen, Feuer gemacht, Tee gekocht, Brot gebacken, Hummus und Salat bereitet, währenddessen der neue Beduine unablässig schwatzt und Kette raucht. Er redet, wie ich erfahre, über den nun schon seit Jahren zunehmenden Wassermangel, an dem natürlich nicht das Klima, sondern die Ägypter schuld sind. Der Tee schmeckt heute etwas anders, leicht nach Rizinus. Läfi hat ihm ein paar Blättchen von dem Strauch Beithorant gegen Magenverstimmungen beigegeben, den er in der Nähe fand. Er reißt den halben Busch aus und gibt ihn mir mit für zu Hause.
Als wir bei der Tante ankommen, ist es schon nicht mehr hell. Da stehen ein paar Palmen dicht beieinander, ein paar Zelte und Verschläge weit auseinander, zwei kleine sandgraue Hündchen mit spitzen Köpfen rennen uns entgegen und bellen uns an. Vier Frauen sitzen vor ihrem Ziegenhaarhaus im Sand und erheben sich, als wir kommen, geben uns mit einer Verbeugung die Hand. Stirn, Kinn, Mund und Nase sind verschleiert. Das ist Sleme, die Tante, die schon hier geboren wurde und hier ihre drei Kinder gebar, das ist ihre Schwester Selmi, Mutter von fünf Kindern, und das ist die Tochter Aziza. Sie ist Hirtin, sie zieht im Frühjahr,

wenn das Grün sprießt und die Blümchen heraus sind, mit ihrem Kleinvieh, den Ziegen und Schafen, durch die Wadis, allein, hat nur eine Flöte dabei, und wenn sie sie spielt, errichtet sie einen Klangkreis, ein Feld, einen Raum, dessen Grenzen die Tiere nicht überschreiten. Sie hält die Tiere mit ihrem Klang bei sich, wie Orpheus. Ihr Spiel soll betörend sein, nur spielt sie vor Männern nicht. Sie hatte auch einmal einen Mann, aber der wollte lieber im Dorf am Meer wohnen, und sie sehnte sich nach der Wüste, in der sie geboren war, zurück, und da waren sie dann nicht mehr Mann und Frau, sagte der Scheich, und sie waren geschieden. Ganz einfach. Eine blutjunge, gerade verheiratete Frau sitzt auch noch dabei, die vor Schüchternheit nicht spricht und die auch nicht angesprochen wird. Sie sieht traurig aus und wie eben erst in die Sklaverei verkauft.

Auf einem Dreifuß brodelt ein Maisgericht, das wir zur Begrüßung vorgesetzt bekommen. Erst essen die Männer – ein junger Deutscher, Thomas, der den Sinai auf dem Rad durchquert, hockt noch dabei, ihn haben die Frauen, als er vorbeikam, zum Bleiben aufgefordert –, danach essen die Frauen, die ihre Schleier nach einer Seite so öffnen, daß wir ihren Mund und ihr Essen nicht sehen können. Aziza schiebt sich das Essen von unten hinter den Schleier. Eine kleine Ziegen- und

Schafherde streicht um uns herum, ein paar Hühner, und die sandgrauen Hündchen mit ihren spitzen Köpfen sind immer dabei.

Sleme zeigt mir mit einer Handspindel, wie sie die spröden Ziegenhaarbüschel zu Fäden spinnt. Es ist wie bei der Schafswolle. Der Faden wird dann gespalten, und die so entstehenden Fäden werden gegeneinander gedreht, bis sie sich zusammenrollen. Dieses Spalten mit Hilfe eines Steinbockhörnchens ist eine Art Häkeln. Wie die Maschen dann untereinandergesetzt werden, um eine Bahn zu ergeben, entspricht auch der Häkeltechnik. Also kein Weben und Knüpfen. Ganz leicht, primitiv, archaisch. Aber kein Schutz ist sicherer gegen den Regen. Wenn ich die langen langen – jeweils etwa einen Meter breiten – Bahnen sehe, die die Planen für die Seiten und das Dach des Haarhauses, des Zeltes, bilden, meine ich, daß Generationen von Frauen daran gearbeitet haben müssen. Ich habe wenige solcher Häuser in der Wüste gesehen. Bald werden sie verschwunden sein. Oder als Touristenattraktion auf den Märkten, maschinell gefertigt, wieder auftauchen. Sleme verspricht, eine solche Zeltbahn – 1 x 2 Meter – für mich zu machen. Mit weißen Schafswolle-Einschlüssen? Nein. Nur Ziegenhaar. Schwarz. In fünf Monaten kann ich sie bei ihr abholen.

Ich bitte Aziza, ihre Flöte zu spielen. Sie will nicht,

weil sie doch vor Männern nicht spiele. Schließlich holt sie die Flöte doch, steckt sie unter den Schleier und bringt ein paar hauchige, einzelne Töne hervor, die keinen Bogen, keine Melodie ergeben, auch keinen einzigen vollen gehaltenen Ton. Nein, sie könne nicht, vielleicht im Frühjahr bei der Herde, wenn ich aus der Ferne zuhörte. Aber sie bietet mir an, ihre Flöte zu kaufen. Ich bin neugierig. Die Flöte ist ein ganz normales Metallrohr, wie man es für Wasserleitungen benutzt, mit sechs Löchern vorne, ohne Mundstück. Ich versuche verschiedene Möglichkeiten, ihr einen Ton zu entlocken, blase in sie hinein oder über sie hinweg mit vielen Lippenverrenkungen, vergeblich. Sie bleibt stumm. Ich müßte vom linken Mundwinkel aus hineinblasen, sagt sie, aber auch das gelingt mir nicht. Ich sage, sie müßte mir schon ihre Mundstellung zeigen, aber genau das kann sie natürlich nicht.

Es ist inzwischen ganz dunkel geworden. Die Frauen gehen in ihr Zelt, um das Brot für das Abendessen zu backen, die Männer gehen in den entfernten Männerverschlag, um das mitgebrachte, inzwischen aufgetaute Huhn zu kochen. Der Verschlag ist aus zusammengelesenen Holz- und Blechversatzstücken gebaut. Auf einem Blechteil steht auf dem Kopf »Reduce Speed«, und darüber beziehungsweise darunter ist das auf Hebräisch wiederholt. In einer israelischen Munitionskiste liegen ein Messer und Handwerkszeug. Der Verschlag ist zur Hälfte mit durchschossenen Brettern überdeckt. Nicht einmal oben also Ziegenhaarbahnen, die sich bei Regen zusammenziehen und undurchlässig sind. Auf dem Boden im Sand liegen die gewohnten Flickenteppiche, in der Mitte brennt ein von uns mitgebrachter Akazienklotz. Während Läfi das Huhn zerlegt, liegen wir auf den Matten, den Ellbogen aufgestützt, und schauen schweigend ins Feuer. Ein alter Beduine, ein Nachbar, kommt zu uns in den Verschlag, legt sich dazu und berichtet des langen und breiten von seinen Ohrenschmerzen: Er höre unausgesetzt einen ohrenzerreißenden Lärm, und das in der geräuschlosen Wüste. Ich wüßte gerne, wie der Alte den Lärm beschreibt, aber Läfi kann es mir nicht übersetzen.

Während das Huhn vor sich hin kocht und der Alte vor sich hin redet – hört er sein eigenes Reden als Lärm im Ohr? –, gehen Thomas und ich hinüber ins Frauenzelt, um beim Brotbacken zuzusehen. Die Frauen sind lustig, reden durcheinander, erzählen sich offenbar Geschichten. Ich bemerke, was für schöne, zarte, graziöse Hände die hockende Aziza hat. Sie bewegt sie, dreht sie, spreizt sie, zieht sie zusammen wie eine Tänzerin ihren Körper, und obwohl ich nichts von dem verstehe, was sie sagt, folge ich gebannt dem Spiel ihrer Hände und dem Lachen, das es begleitet.

Läfi kommt das Brot holen, trägt es zum Männerverschlag, zerteilt es in ganz kleine Stücke und legt die Hühnerteile darauf. Wir greifen in die Schüssel und holen uns die heißen Huhn-Brotbrocken heraus, bis wir satt sind. Der Rest wird ins Frauenzelt gebracht, das heißt, die Frauen bekommen zu essen, was die Männer ihnen übriglassen.
Wir liegen noch schweigend vor dem Feuer, das diesmal ganz herunterbrennen darf. In den Schweigepausen hat mir Läfi einen Beduinennamen gegeben: Anizan. Dann gegen acht unter die Decken. Silvesterabend. Ich versuche, nicht daran zu denken. Kann es nicht hindern, daß ich es doch tue. Die Sterne sind von meinem Lager aus, das Gesicht unter den Brettern, nicht zu sehen. Gegen elf muß ich raus und sehe, daß der Himmel in dieser Nacht verhangen ist. Castor und Pollux kann ich gerade noch ausmachen. Capella.
Gegen vier, es ist noch fast ganz dunkel, weckt mich ein Hahn, der dreimal kräht. »Etiamsi omnes – ego non.« Kurz darauf kräht ein zweiter, oder es ist der erste noch einmal. So geht das eine Zeitlang in immer kürzeren Abständen, bis sich von verschiedenen Seiten die Hunde einmischen, entweder weil sie auch etwas zu melden haben oder weil sie die Ruhestörer zur Ordnung rufen wollen. Mit dem Schlafen ist es jedenfalls aus, und so beginnt mein neues Jahr. ›Von Hunden

rings umheult und Hähnen.‹ Unter dem ›Text‹ läuft ein anderer mit. Was ist es, das uns versichern läßt ›Ich nicht‹, um es alsbald – aus Angst, aus Not, aus Feigheit – zu bestreiten? Nie kräht der Hahn des Verrats schrecklicher als im Evangelisten der beiden Passionen Bachs.

1. Januar 2006

Ich muß doch noch einmal weggedämmert gewesen sein, denn als ich zu mir komme, hockt Sleme, die Alte, im Männerverschlag an einem Feuer. Sie stochert mit einem langen blitzenden Messer in dem zu einer Pyramide aufgehäufelten Kamelkot, murmelt dazu irgend etwas. Ihr zur Seite lagert aufgestützt Selim mit großen Augen. Läfi erklärt mir, sein Bruder habe in der Kindheit ein schreckliches Erlebnis gehabt, das ihn bis heute ängstige, aber er wisse nicht, was es gewesen sei, und die Tante versuche, es herauszufinden. Die Alte sticht das Messer immer wieder in den Kameldung, bis alles durchgeglüht ist. In der anderen Hand hält sie ein Plastiksäckchen, in dem es klickert wie von Steinen, wenn sie es schüttelt im Rhythmus zu den Messerstichen. Mit dem Säckchen streicht sie Selim mehrmals über den Kopf, dann rund ums Gesicht, über die Schultern, hinunter zum Herzen. Dann nimmt sie ein Stein-

موبرك

chen, wirft es ins Feuer und stochert mit dem Messer nach. Ein zweites, ein drittes Steinchen, aber sie scheinen, als sie sie mit dem Messer aus der Glut an den Rand in die Asche zieht, bedeutungslos geblieben zu sein. Bei irgendeinem Stein – Selims Augen waren darüber immer größer, wilder geworden – scheint es zu klappen, und sie zieht lachend etwas heraus, das wie ein Fisch aussieht, mit klaffendem Haifischmaul, bösen Augen, erhobener Schwanzflosse, und die Kiemen hängen aus dem Bauch heraus. Als Stein ist es eher ein Fischgerippe aus der Vorzeit. Die Alte übergibt das Ding triumphierend Selim, der es hin- und herwendet und dann zur Begutachtung herumreicht. Aber ob er etwas verstanden hat, ob sein Trauma weggezaubert ist, läßt sich seinem jetzt ausdruckslosen Gesicht nicht entnehmen.

Übrigens hatte der ganze Akt nichts Geheimnisvolles, Abgeschiedenes, Verschworenes. Die Alte lachte und schwatzte dabei, und der magische Akt wurde wie eine ganz alltägliche Handlung, selbstverständlich wie Brotbacken, nebenbei erledigt. Unser Tee wird allerdings am Holzfeuer daneben bereitet, als dürften die beiden Feuer nicht miteinander vermischt werden, da sie unterschiedliche Bestimmungen haben.

Beim Packen erscheint wieder der kleine Vogel Emru'er und hüpft eine Zeitlang vor mir her, vom Lager weg.

Was will der winzige Glücksbringer mir anzeigen, an diesem 1. Januar? Er singt seine fünf Töne nicht, deren Sprache ich jetzt vielleicht verstünde, er fliegt auch nicht, er hüpft einfach nur vor mir her von Stein zu Stein, schaut sich allerdings manchmal um, ob ich ihm auch folge. Auf einmal ist er verschwunden.
Auf die Rückfahrt nehmen wir Thomas und sein Rad mit, weil er durch die Sandwüste zu Fuß gehen müßte, und das würde viele Stunden dauern. Bis zum Katharinenkloster schaffte er es allenfalls morgen.
Unterwegs ein sehr langgestrecktes, nicht hohes, grünliches Bergmassiv. Es ist durchgängig ganz regelmäßig, in gleichen Abständen, waagerecht von weißen Linien gestreift und sieht dadurch aus wie eine riesenhafte, in die Landschaft versetzte Partitur, noch von niemandem komponiert.
An der Sandwüste finden die Beduinen tatsächlich den Busch mit den beiden Sandsäcken und wuchten sie auf den Pick-up. Auf dem kurvigen, immer nur zu ahnenden Weg gibt Selim einen Moment lang nicht acht, ist zu langsam, und wir sitzen fest. Zu dritt versuchen wir, den Wagen rückwärts zu schieben, schaufeln mit den Händen die Räder frei, legen Decken unter, Steine. Es geht immer nur ein paar Zentimeter, und wir sitzen wieder fest. Wie wir es nach einer Stunde äußerster Kraftanstrengung geschafft haben, ist mir schleierhaft

(was für ein leichtfertiges Wort in dieser Gesellschaft!). Als der Wagen schließlich frei ist, braust Selim wie am Tag zuvor los, als seien die Erinnyen – oder sein Trauma – hinter ihm her, er fliegt geradezu über den Sand, weicht in Zickzackwendungen wie eine Schwalbe verdächtigen Stellen aus und schleudert seine Mitfahrer auf dieser Achterbahn immer wieder fast aus dem Gefährt.
Nach der Sandwüste steigt Thomas aus und radelt nach St. Katharinen. Wir fahren auf ruhigeren Wegen noch zwei Stunden weiter im breiten Tal, zwischen Gebirgen, deren Farben häufig wechseln – rot, gelb, grün, schwarz, weiß – und deren Konsistenz mal fest und wie glattgeschmirgelt ist, mal bröckelnd und kurz davor – vielleicht seit Jahrhunderten kurz davor –, zu Sand zu werden. An manchen grauen Wänden zeigen sich breite, schwarz-grüne Bahnen. Amazonenstein? Das sei Bitumen, höre ich, den die Ägypter schon vor Jahrtausenden zum Bauen abtrugen.
Wieder in Nuweiba, will Läfi mich noch einmal mit zu sich nach Hause nehmen und ein festliches Abschiedsmahl bereiten. Ich wehre ab, will lieber in mein trostloses Quartier zurück, die Tage bei der Alten und Aziza resümieren, schreiben, ruhen, aber er ist hartnäckig, wie ich es bisher an einem Beduinen, diesen sanftmütigen Menschen, nicht kenne. So gebe ich nach, wie so oft

aus Höflichkeit oder um einen Menschen nicht zu kränken, obwohl mir der Vorschlag eigentlich nicht behagt. Läfi – von Beruf Fischer! – kauft also einen großen tiefgefrorenen Fisch, orangefarben, ziemlich platt, mit langen Rückenflossen, schuppt ihn im Sand vor seinem Haus, nimmt ihn aus, zerteilt ihn wahllos in kleine Stücke und trägt ihn hinein.

Zwei Katzen haben das Ausnehmen in gebührender Entfernung verfolgt. Jetzt schreitet die eine gemessen zu dem blutigen Haufen, macht sich darüber her und verjagt dabei mit kurzem Fauchen die andere. Als sie satt ist, schreitet sie ebenso gemessen, wie sie kam, zurück. Jetzt kommt die andere vorsichtig, geradezu gekrochen, schnappt sich ein Stück und macht sich flink davon, weil sie offenbar die erste Katze fürchtet. Doch die läßt sie milde gewähren, und so eilt sie denn auch zurück, gesprungen jetzt, und vertilgt in Ruhe den Rest.

Die Kocherei dauert Stunden, und ich bedaure, nicht darauf bestanden zu haben, ins Hotel gebracht zu werden. Aber dann wird wirklich ein Festmahl aufgetragen: ein großes rundes Tablett mit Kardamom-Reis und einem Salat aus Tomaten und Gurken, auf einem anderen Tablett die Fischstücke. Der Fisch hat eine feste, etwas faserige, trockene Konsistenz und erinnert an nicht frischen Thunfisch. Man knetet sich Reisbällchen mit der einen Hand, zupft die Fischstückchen mit der anderen. Es gibt dazu Orangensaft, frisch gepreßt, mit einem Zusatz aus pürierten Karotten. Es ist ein üppiges, köstliches Mahl, schweigend im Schneidersitz aus den Bergen abgetragen. Die Reste bringt Salhä hinüber in eine Behausung – halb Zelt, halb Verschlag –, in der Läfis Eltern wohnen.

Läfi fährt mich zum Hotel. Wir sitzen schweigend in der Halle oder was dafür herhält, trinken Nescafé und rauchen eine Zigarette, die erste seit Tagen. Läfi, dessen englischer Wortschatz sehr eingeschränkt zu sein schien, sagt plötzlich: »This is a desolate place«, und auf einmal sehe ich den Ort, an dem ich da bin.

Es ist die Endstation am Rande der Wüste, gottverlassen, hoffnungslos. Ein paar Desperados, Heimatlose, Gestrandete lungern an der Bar herum. Sie haben gegerbte, narbige, verbrannte Gesichter, trinken Whisky, rauchen Kette und erzählen sich die Geschichten ihres gescheiterten Lebens, von den Hoffnungen, die sie einmal hatten, der Abenteuerlust, der um ein Haar immer wieder verfehlte Griff nach dem Glück, von den Frauen oder Geliebten, die sie verspielten oder von denen sie verlassen wurden. So harren sie aus, erzählen immer dieselben Geschichten, fast tonlos, denn sie hadern nicht mehr mit ihrem Schicksal, es ist wie es ist, sie wissen nicht, was sie hier sollen, wissen aber auch nicht, wohin anders sie sollen, und der Wirt, ein Gestrandeter, Hierherverschlagener auch er, schenkt ihnen nach. Von der Wirtin, das gezeichnete Gesicht grell überschminkt, heißt es, sie sei einmal eine berühmte Tänzerin gewesen.

Nein, hier gibt es nicht einmal eine Bar, keinen Whisky, keinen Arrak, keinen Wirt, keine Wirtin mit zweifelhafter Vergangenheit. Hier gibt es gar nichts, nur einen einzigen Gast, mit verlorenem Gesicht, der sich gestrandete Menschen vorstellt, die er in Filmen gesehen hat.

Unruhige Nacht. Im Traum will ich Canetti besuchen, mit einem üppigen Blumenstrauß in der Hand. Er wohnt in einer Art Turm und empfängt mich an der Tür. Ich sehe in einen großen runden Raum voller Menschen, von denen ich einige kenne, aber er bittet mich nicht herein. »Sie hätten die Verbindung nicht abreißen lassen dürfen. Jetzt ist es zu spät.« Er sagt: »Ich will Ihnen aber noch etwas sagen. Man muß immer nur das beschreiben, was sich nicht beschreiben läßt. Alles andere ist nicht wert, daß es geschrieben wird. Es ist Makulatur.« Dabei dreht er den Blumenstrauß immer in seiner Hand.

2. Januar 2006

Weit am Strand entlang, Sand, kleine, weite Schatten werfende Steine in vielen Farben, keine einzige Muschel, ein Seeigelgehäuse. Trotz scharfem Wind geht es sich angenehm. Beim Rückweg habe ich den Eindruck, viele Fußspuren seien nach außen gewölbt, konvex. Sie sehen aus wie Gipsabgüsse von Füßen. Ich denke kurz, die Flut hätte die Abdrücke umgestülpt, bis ich merke, daß es eine optische Täuschung ist, von der hinter mir stehenden Sonne ausgelöst.
Den Strand entlang und hintereinander gestaffelt stehen Schilfhütten, verlassen, schäbig, verkommen, viele noch mit dem Müll einstiger Gäste. Warum sehen leere Strände so trostlos aus und volle Strände zum Fürchten? Die Trostlosigkeit der Wüste war großartig-erhaben, diese hier ist der schreckliche, nichts beschönigende Spiegel unserer Zivilisation. Ein paar Bachstelzen mit wippenden Schwänzen freuen sich, daß sie hier endlich allein sind. Für sie scheint der Müll ein täglich neues Abenteuer zu sein.
Langeweile im Dunkeln, weil nichts mehr zu sehen ist. Die Sterne verhangen. Nur das immer-fast-gleiche Anbranden der Wellen ist zu hören. Wie hält man es aus, allein mit einem Ich, über das man immer weniger weiß? Soll ich mich den Meeresgeräuschen aussetzen

Nach Colorado Canyon

und warten, ob etwas passiert, mit mir passiert? Nicht auszuhalten. In der Wüste war es manchmal möglich, als es keine Alternative gab.
Arabische Buchstaben repetiert, Vokabeln. *Shams*, die Sonne, wie *shemesh* im Hebräischen, *shamash* im Akkadischen. Die immergleichen Konsonanten. Wüstensprachen.

Sharm-el-Sheikh
3. Januar 2006

In Selems Taxi die halbe Sinai-Küste entlang zum Flughafen. Für einen Europäer ist die Bewegung durch die Wüstengebirge wie eine Fahrt jenseits der Baumgrenze. Den kahlen Berghöhen stehen die Sand- und Schutt- und Steinwüsten bis zum Hals. Es gibt keine Matten, keine Almen, keine allmählichen Hänge. Aschgraue Transparenz am Himmel.
Die Abhängigkeit der Wahrnehmung von der Fortbewegungsweise: Auf dem Kamel richtet sich der Blick meist aufs Nahe, den Grund unter den Hufen, die Büsche und Felsen daneben, den zum Boden gereckten Hals der Kamele, die mit den Zähnen am Strauch zerren. Auf einmal nimmt man wahr, daß man zwischen anderen Felsformationen reitet als noch vor einer hal-

ben Stunde. Die Wechsel sind unmerklich. Auf dem Pick-up nehme ich das unmittelbar Nahe nur durch die Stöße im Körper wahr. Dafür geht der Blick, wenn der Körper es zuläßt, in die Ferne auf die unverrückbar daliegenden Massive, an denen man, vom Blick aus, sehr langsam entlangfährt, auch wenn das Auto mit einem dahinrast. Im Taxi auf der schnellen Straße hingegen verändert sich die Sicht sehr rasch. Was eben noch Kalk war, ist gleich Sandstein oder Tuff, Granit oder Basalt. Ein Panoramabild, das langsam an einem vorüberrollt, als ob man stillstünde.

Merkwürdige Erscheinung: Ein Kalkfelsen ist bis hoch oben in seine Kerbungen und Risse hinein mit Sand gefüllt wie ein beschneiter Berg, angeweht von der darüberliegenden Sandwüste. Jede Bewegungsart eröffnet andere Blicke. Erst alle zusammen ergeben vielleicht ein Bild.

Im Flughafen lange und breite Touristenschlangen, erschöpfte Gesichter, die Körper ächzen unter dem zu schweren Handgepäck, Tüten mit Plastikkamelen, gipsernen Pharaonenköpfen. Müll. Aus Ghettoblastern wummert westliche Musik. Stehenbleiben, einen Schritt vorwärts, stehenbleiben. Kinder schreien nach ihren Eltern, Eltern nach ihren Kindern. Permanent Lautsprecherstimmen, von allen Seiten, in verschiedenen Sprachen, gleichzeitig. An einem Tisch sitzt ein Dutzend

Russen, mehrere Flaschen Whisky vor sich, Plastikbecher. Moskau wird immer wieder aufgerufen.
Hier sehne ich mich nach dem gebrochenen Brot, das eine halbe Stunde in der Glut lag, sehne mich nach dem Blubbern im Hals von Thaban, nach dem Zug wechselnder Formen und Farben durch das Gemüt, das nicht mehr verstehen wollte, nur noch sehen und hören, schmecken, manchmal riechen. Nur das Fühlen, untrüglichster der Sinne, steckt noch leibhaftig in mir, der Tastsinn, Sinn der Berührung und des Berührtwerdens, der der Wüste der fremdeste ist.

Notiz

Die Künstlerin Marion Victor hat auf dem Kamel Thaban, das ihr gehört, mit den beiden Beduinen Läfi und Mubarak oft die Sinai-Wüste auf den gleichen Spuren wie ich durchstreift. Sie hat mit ihrem Mittel, dem Zeichenstift, manches von dem festgehalten, was ich zu beschreiben versucht habe.